적금밖에 모르던 8년 차 김대리는
어떻게 1년 만에
내 집 마련에 성공했을까?

적금밖에 모르던 **8년 차 김대리는**

어떻게 1년 만에 내 집 마련에 성공했을까?

규동산(김진규) 지음

불황기에도 통하는 **부동산 투자법**이 있다!

한 달에 600만 명이 보는 부동산 인플루언서 '규동산'의 첫 책
한눈에 알아보는 '내 집 마련' 실전 전략

NEVER
GIVE
UP

평생의 발버둥을 56만 가구에게 공개하다

누구에게나 '내 집' 마련의 꿈이 있습니다. 여기서 내 집이란, 퇴근 후 편히 쉴 수 있는 따뜻한 공간이 될 수도 있고, 배우자, 자녀와 함께 행복을 만들어 가는 소중한 공간이 될 수도 있습니다. 또 누군가에게 내 집 마련은 투자의 대상이기도 합니다. 그러나 내 집 마련의 가장 중요한 가치는 거주의 만족도입니다. 다시 말해, 자본의 축적보다는 내 몸이 누울 수 있는 보금자리 마련이 최우선이라는 뜻입니다.

이 책은 이런 저의 생각과 비슷한 분들을 위해 쓰였습니다.

그러한 의미에서 아파트 매수를 통해 막대한 부를 쌓는다는 목표를 가지고 있기보다는, 내 집 마련을 꿈꾸는 이들에게 필독서혹은 참고서 정도로 다가갔으면 하는 바람입니다.

참고로 2021년, 대한민국 부동산 고점 구간 전국의 아파트 매매 거래량은 약 56만 호였습니다. 하지만 대한민국 부동산은 이미 2019년부터 꿈틀대고 있었고, 2020년 상반기부터 걷잡을 수 없는 폭등장에 진입했습니다. 이 같은 현실 속에서 욕망을 품고 뒤늦게 탑승한 결과, 고점에서 이루어진 거래가 56만건에 달했습니다. 이 책은 그 56만 가구를 위한 마음에서 출발했습니다. 욕망에 소중한 재산을 맡기기보다는, 냉철하고 객관적인 기준을 바탕으로 내 집을 마련할 수 있는 방법을 제시하고 싶었으니까요.

많이 망설이기도 했습니다. 세상에 존재하는 많고 많은 지식과 휘발되는 콘텐츠에, 내가 하나 더 얹듯이 발행하는 건 아닐까 하는 두려움 때문이었습니다. 그래도 작은 용기를 내어 제가 터득했던 부분을 세상에 내어 놓습니다. 바로 56만 가구를 위해서요.

한편, 부동산과 관련해 비판, 비난, 깎아내리기는 빠지지 않습니다. 그 어떤 커뮤니티에 들어가도 항상 존재합니다. 부동산과 그 부동산에 관한 욕설 비난 등 부정적 표현은 떼려야 뗄 수 없는 상관관계와도 같은 것입니다. 그러나 이 글을 읽는 당신만이라도 부동산 '톨레랑스(Tolerance, 관용이라는 의미의 프랑스어)'를 겸비하셨으면 합니다. 따스한 사고로 부동산 관용을 타인에게 보여주시길 바랍니다.

> "의인은 없나니 하나도 없으며
> 깨닫는 자도 없고"
>
> 로마서 3장 10~11절

물론 공유한 성경 구절처럼 의인이 될 수 없음을 알고 있습니다. 다만 제 평생을 통한 발버둥으로 당신에게 저의 믿음을 증명하겠습니다. 그 발버둥이 진심으로 전달되길 소망합니다.

마지막으로 여기까지 올 수 있도록 많은 분이 저에게 도움을 주었습니다. 먼저 저를 믿고 연락해 출간까지 진행해 주신 출판사 대표님과 늘 저에게 인사이트를 제공하고 도전하도록 끌어 주시는 정윤진 대표님 고맙습니다. 또 언제나 저를 믿어주고 지지해 주는 아내와 아들, 항상 제가 잘되기를 기도해 주시는 부모님과 장인·장모님께도 감사 인사를 전합니다.

contents

4장 | 결국 정보력이 답이다

1

부자의 사고에서
출발하라

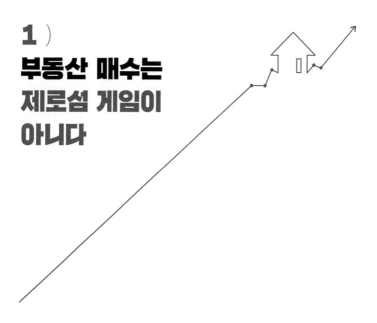

1)
부동산 매수는 제로섬 게임이 아니다

    세계적인 세일즈 트레이닝 전문가이자 부동산 투자자인 그랜트 카돈은《10배의 법칙》에서 '비윤리성'과 관련해 언급한 바 있습니다. 우리는 일반적으로 도둑질을 한다거나 타인을 속이거나 혹은 타인에게 피해를 주는 행동을 비윤리적이라고 생각하지만, 그는 조금 더 넓은 의미에서 바라봅니다. 입증할 수만 있다면 거대한 주장을 한다고 해서 비윤리적인 게 아니며, 오히려 좋은 제품을 보유하고도 적절히 알리지 않는 게 비윤리적이라고 합니다. 한마디로 비윤리성을 각자의 능력과 잠재성 영역까지 확장해 평가합니다.

저는 이를 부동산에 대입해 보려 합니다. 참고로 앞으로 언급할 대부분의 부동산은 아파트를 의미함을 미리 알려둡니다. 프롤로그에 언급했듯이 2021년, 부동산이 고점이 된 기간에 대한민국 아파트가 매매된 거래량은 약 56만 호입니다. 이 매수를 통해 어쩌면 나뿐만 아니라 사랑하는 가족 또한 피해를 입었음을 부정할 수 없겠지요. 그렇기에 우리에겐 최소한 고점에서 거래하지 말아야 할 의무가 있습니다. 고점에 물린다는 건 비윤리적인 행위와도 마찬가지니까요. 부동산에 대한 당신의 능력과 잠재성을 충분히 발휘하지 못하면, 당신뿐만 아니라 당신이 가장 사랑하는 사람도 고통에 빠질 수 있기 때문입니다.

더군다나 2021년 대한민국 부동산이 고점으로 치솟은 이후, 2023년 상반기에는 저점을 형성했습니다. 반면, 수도권과 상급지에서는 반등세에 들어서는 양상을 보여줍니다. 따라서 2024년, 부동산 트렌드를 이끈 단 하나의 단어는 '양극화'였습니다. 향후 부동산 시장 역시 현재와 비슷한 추이를 보이리라 예측합니다. 그러니 더더욱 우리는 소득의 양극화, 지역의 양극화, 사물의 양극화 등 극심한 양극화의 시대에 올바른 물건을 분별할 만한 실력을 겸비해야 합니다. 더 나아가 이 책을 선택한 당신만큼은 좋은 시기에 용기 내어 매수함으로써 부동산 윤리성을 증명해 보였으면 합니다. 이는 당신의 능력과 잠재성을

충분히 발휘해야만, 쉽게 말해, 노력하는 자에게만 그 기회가
주어집니다.

"부동산 매수는 당신과 당신 가족의 운명을 건 백병전이다."
라는 말이 있습니다. 우리는 단 한번의 전투 즉, 잘못된 부동산
매수로 인해 재기불능의 상태가 될 수도 있다는 사실을 잊어서
는 안 됩니다. 이 점이 바로 당신이 부동산을 공부해야 하는 이
유이자, 제가 말하는 부동산 윤리성의 정의입니다. 부동산 윤리
성을 장착하지 못해 재기불능의 상태가 되는 당사자가 당신이
되지 않기를 바랍니다. 명심하십시오. 부동산 매수는 제로섬 게
임이 아닙니다.

2)
자신 있게
부를 추구하라

　　불경기, 양극화, 실업 ……. 경제 관련 이야기를 할 때마다 빠지지 않고 등장하는 단어입니다. 그렇습니다. 경기는 늘 어렵다고 합니다. 삶이 팍팍하다고 합니다. 물가는 하늘 높은 줄 모르고 치솟는다고 합니다. 살면서 단 한번이라도 "경기가 좋다.", "살기 좋은 세상이다.", "경제가 활성화되고 있다."는 소리를 들어본 적이 있나 싶습니다. 그만큼 세상은 힘들다는 말로 가득합니다.

　　그렇다면 부자는 어떤 사람들일까요? 다음은 온라인에서

부자의 정의를 검색했을 때 가장 상단에 등장하는 내용입니다. "부자는 모호한 개념이 아닙니다. 인생에서 가장 행복한 순간은 진정한 부를 몸으로 느꼈을 때입니다. 부는 물질적인 소유물이나 돈, 또는 물건이 아니라 3F(FAMILY, FITNESS, FREEDOM)를 말합니다. 3F가 충족될 때 진정한 부를 느낄 수 있습니다." 철학적인 이야기를 하려는 건 아닙니다. 개인적으로 부에 대한 이런 철학적인 결론을 좋아하지도 않습니다. 만일 제 주변에 이런 주장을 하는 사람이 있다면, 저는 몽상가라고 말할 것입니다. 물론, '3F'에 대해서 부정하지는 않습니다.

다만, 저는 조금 더 본질적인 이야기를 하고 싶습니다. 혹시 당신 주변에 물질 또는 성공에 대한 당신의 노력을 부정적으로 바라보는 사람이 있나요? 아마도 그의 내면은 부를 모멸함으로써 자신의 불리한 상황을 정당화하며, 상대적인 우월감과 존재감을 확인하고자 하는 마음뿐일 것입니다. 부자들이 해온 노력과 성과를 경멸하거나 깎아내리면서 쾌감을 느끼고, 주눅 든 자신의 허약한 자존감을 끌어올리는 것입니다. 하지만 이는 버려야 할 자세입니다. 당신을 위해서 또 당신의 소중한 가족을 위해서 자신 있게 부를 추구하시길 바랍니다.

저는 부와 자유를 동일한 언어로 봅니다. 또 부와 가족의 행복은 매우 상관성이 높다고 생각합니다. 건강 또한 마찬가지입니다. 즉, 3F는 일정한 부가 전제되지 않으면, 추구하기 어려운 숙제입니다. 행복 그 자체는 물질이 아니지만, 부자는 재물이 많은 것은 기본이고, 가난한 사람보다 매우 높은 확률로 행복할 가능성이 높으며, 자유를 누릴 가능성이 높음을 부인하지 마시길 바랍니다.

부자가 되는 것 또한 제로섬 게임이 아닙니다. 우리는 모든 것을 가질 수 있습니다. 재물, 건강, 뛰어난 인성, 행복한 가정, 선한 영향력, 성숙한 신앙 같은 것들을 말이지요. 기억하시길 바랍니다. 부자가 되는 것은 재물만을 가지고, 모든 것을 놓쳐 버리는 제로섬 게임이 아닙니다.

3)
부자는
지금도
늘어나고 있다

KB금융그룹에서는 해마다 〈한국 부자 보고서〉를 발표합니다. 2023년 12월에 발간한 내용에 따르면, 한국의 부자는 약 45만 6,000명이라고 합니다. 참고로 〈한국 부자 보고서〉가 정의하는 부자는 금융자산 10억 원 이상을 보유한 개인입니다. 2023년, 통계청에서 공개한 장래인구추계 결과에 의하면 한국 인구가 약 5,100만 명이라고 하니, 전체 인구의 0.88%가 부자인 셈입니다. 이에 따른 지역별 부자 거주 분포를 살펴보면, 서울 약 20만 명, 경기 10만 명, 부산 2.8만 명, 대구 1.9만 명, 인천 1.4만 명입니다. 수도권으로 분류되는 서울, 경기, 인천에 한국 부자 70.6%가 거주하고 있다는 사실은 우리에게 여러 시사점을 제공합니다.

한편, 〈한국 부자 보고서〉에는 흥미로운 내용이 포함되어 있습니다. 2023년에 집계된 한국 부자가 전년 대비 7.5% 증가했다는 점입니다. 앞서 제가 우리는 항상 불경기 속에 살아왔다고 언급했습니다. 그러나 보고서에서는 우리가 체감하는 현실과는 다른 세상이 펼쳐집니다. 부자는 계속해서 증가하고 있으니까요. 여기서 우리는 다음과 같은 인사이트를 얻을 수 있습니다.

첫째, 부자가 되기 위해 지금 이 순간에도 자신의 한계를 뛰어넘어 노력하는 자들이 있다는 것입니다. 둘째, 그 노력의 결과를 만들어 내는 자들도 있다는 것입니다. 셋째, 대부분의 사람이 부자가 되길 원한다는 것입니다.

'샤덴프로이데(schadenfreude)'라는 말이 있습니다. 뜻이 상반되는 독일어 'schaden(손실, 고통)'과 'freude(환희, 기쁨)'의 합성어입니다. 이는 타인의 손실과 고통을 보며 환희와 기쁨을 느끼는 인간의 본능을 표현한 단어로, 다른 언어권에서도 널리 사용하고 있습니다. 이와 반대되는 개념도 있습니다. 바로 불교 용어인 '무디타(mudita)'로 타인의 행복에 함께 기뻐한다는 의미입니다.

앞서 얘기했듯 많은 사람이 부자가 되고 싶어 하고, 부단한 노력을 통해 그 꿈을 이루고 있습니다. 이쯤에서 저는 당신이 부자를 바라보는 시각이 어떠한지 궁금합니다. 혹시 샤덴프로이데가 자리 잡고 있지는 않은지요? 물론, 누구에게나 질투심이 있습니다. 하지만 질투심을 느끼는 순간, 타인을 끌어내림으로써 상대의 동력자가 아닌 비판자가 되고 맙니다. 이런 사람은 부자는커녕 성공하기도 쉽지 않습니다. 이유가 뭘까요? 타인의 성공을 인정하지 않아서 성공한 비결조차 배우려 하지 않기 때문입니다. 그러니 부자가 되고 싶다면 샤덴프로이데가 아닌 무디타의 정신이 필요합니다.

혹시나 나도 모르는 사이 부자를 경멸하고, 사회의 악으로 보고 있지는 않나요? 분명한 건 부자들은 우리가 걸어가야 할 길을 먼저 걷고, 개척한 자들입니다. 제 이야기가 너무 세속적으로 들릴 수도 있습니다. 그렇다면 이 책을 당장 덮어도 좋습니다. 그럼에도 끝까지 읽어 나간다면, 부자로 한 걸음 더 나아가는 길을 선택했다고 감히 장담해 봅니다.

4)
쾌락보다
불편함을
감수하라

한때 'YOLO'라는 용어가 대한민국을 강타했습니다. 지금도 스스로를 YOLO족이라 외치는 젊은이가 많습니다. YOLO란, 'You Only Live Once'의 약자로, '인생은 오직 한번뿐'이라는 뜻을 가지고 있습니다. 이 단어의 정확한 기원은 불명확하지만, 대중화된 계기가 있습니다. 2011년, 캐나다 출신 힙합 아티스트 드레이크가 〈The Motto〉를 발표하면서부터입니다. 당시, 이 곡과 함께 'You only live once, but if you work it right, once is enough. You live every day, you only die once(한번 사는 인생, 제대로 산다면 그걸로 충분하다. 우리는 매일을 살아가지만, 죽음은 단 한번뿐이다).'라는 문장이 함께 전해졌거든요.

참 많은 생각을 하게 만드는 좋은 말이지요. 그러나 현재 우리 사회에서 해석하는 YOLO에 대해서는 짚어볼 필요가 있습니다. 본래 YOLO가 전하는 바는, 단순히 순간적인 쾌락이 아니라 한번뿐인 인생을 의미 있고, 가치 있게 살자는 내용이었습니다. 하지만 오늘날, 특히 MZ세대에서 YOLO라는 단어를 소비하는 방식은 많이 변질되었습니다. YOLO의 핵심은 인생 전반적인 가치에 있는데, 현시대에서는 미래는 고려하지 않고, 당장의 소비를 합리화하는 도구가 되어버렸으니까요. 너무나 근시안적이고, 본능적인 삶을 추구하니 안타까울 따름입니다.

통계를 살펴봐도 제 의견에는 변함이 없습니다. 2022년에 발표한 대한민국 기대 수명은 82.7세인데요. 1970년의 62.3세와 비교했을 때, 약 20년이 늘어났습니다. 현대 의료기술과 생활환경을 고려하면, 현재를 살아가는 우리 세대의 기대 수명은 100세에 가까워졌다고 봐도 무방합니다. 그렇다면 우리는 다시 생각해 봐야 합니다. YOLO를 핑계로 당장의 소비에 몰두하기에는 앞으로 우리가 살아갈 시간이 너무 길다는 점을 말입니다.

그렇다면 우리가 좇는 진정한 행복은 무엇일까요? 내 수준을 넘어선 소비를 하며, 짧은 카타르시스를 느끼는 것일까요? 결코 그렇지 않습니다. 순간의 쾌락이 지나간 뒤에 남는 건 허탈함과 공허함뿐입니다. 대신 나이가 들면서 상황이 나아지고, 보유한 자산이 늘어남으로써 안정감을 얻을 때, 진정한 행복을 느낄 가능성이 큽니다.

성경 잠언 6장에서는 말합니다. "개미에게 가서 그 하는 것을 보고 지혜를 얻어라. 개미는 두령도 없고, 감독자도 없고, 통치자도 없지만, 여름 동안 양식을 예비하며, 추수 때에 먹을 것을 모은다." 여기서 우리는 두 가지 교훈을 얻을 수 있습니다. 첫째, 부지런함입니다. 개미는 누군가가 시키지 않아도 스스로 부지런합니다. 아무도 감시하지 않아도, 미래를 대비하며 준비합니다. 둘째, 현재의 충실함이 곧 미래를 위한 초석이라는 점입니다. 변질된 의미의 YOLO는 당장의 즐거움을 위해 소비하고, 시간을 허비하는 것이지만, 개미가 보여주는 삶의 방식은 정반대입니다. 현재에 충실하되, 미래를 위한 준비를 게을리하지 않습니다. 이것이 우리가 진정으로 새겨야 할 삶의 태도입니다. 오해하지 마십시오. 저는 극단적인 삶을 강요하는 게 아닙니다. 휴식도 필요하고, 취미도 중요합니다. 다만, 내가 추구하는 삶이 미래까지 고려한 것인지, 순간의 쾌락에 머무는 것인지

점검해 볼 필요가 있다는 얘기입니다.

　현대사회가 말하는 YOLO는 인간 본능을 따르라고 합니다. 그러나 기억해야 합니다. 인간의 본능은 게으름입니다. 본능에만 충실한 자의 젊은 날의 쾌락은 젊음과 함께 사라지고 맙니다. 이와 관련한 개그맨 김영철의 인터뷰를 접한 적이 있습니다. 그는 본인의 인생에서 중요한 Key를 발견했다고 밝히는데요. 그건 바로 '불편함 감수하기'였습니다. 그러면서 그는 자신의 사례로 매일 아침 일찍 일어나기, 매일 아침 전화 영어 인터뷰로 공부하기를 언급합니다. 모두 처음에는 불편하고 힘들었지만, 감내했을 때 인생이 더 나아졌다고 고백하는 그의 모습을 보며, 저는 전적으로 동의했습니다.

　제가 강조하고 싶은 부분은 이 점입니다. 당신에게 주어진 귀중한 시간을 흘려보내지 마십시오. 주어진 시간을 최선을 다해 감당해 내십시오. 시대가 말하는 YOLO는 '나'가 주체입니다. 찰나일지라도 내가 행복한 것이 인생에서 가장 중요하다고 합니다. 그런데 YOLO의 본질적인 가치는 타인에게도 있습니다. 현재에 충실하여 미래의 나를 위한 준비하기, 현재에 충실하여 미래의 가족을 위한 준비하기, 현재에 충실하여 훗날 타인에게 베풀 만큼의 인성과 실력과 물질 갖추기. 이것이야말로 진정한 YOLO입니다. 잊지 마세요. 젊은 날의 쾌락은 젊음과 함께 사라집니다.

5)
르상티망에
빠지지 마라

그야말로 계급화 시대입니다. 소유한 자본이 만들어낸 자본 계급화, 거주하는 지역에서 비롯되는 지역 계급화, 사람의 됨됨이 즉, 인성으로 판단하는 인간 계급화 등 다양한 형태로 계급화는 나타나고 있습니다. 심지어 취미까지 계급화되고 있습니다. 이는 최근 젊은 세대 사이에서 인기 있는 취미인 '러닝'에서도 잘 드러납니다.

러닝은 누구나 쉽게 시작할 수 있는 운동처럼 보입니다. 하지만 러닝 크루들의 생각을 들으면 놀라지 않을 수 없습니다.

"러닝을 취미로 하려면 가장 필요한 것이 무엇이냐?"라는 질문에 "주거환경"이라고 답하니까요. 러닝화도, 운동복도 아닌 한강을 끼고 있는 아파트를 준비해야 한다고 합니다. 진입장벽이 낮다고 여겨지는 취미의 준비물이 한강변 아파트라니 참으로 아이러니한 현실입니다. 인정하고 싶지 않아도 그만큼 취미 생활의 계급화가 일상이 되고 있습니다. 당장 검색창에 러닝만 입력해 봐도 실상을 알 수 있습니다. 제가 검색했을 당시에는 제일 상단에 '러닝화 계급도'를 다룬 블로그가 노출되었습니다. 신발에도 계급이 존재한다는 내용이었지요. 저렴하게는 5만 원부터 비싸게는 100만 원이 넘는 러닝화가 있었습니다. 계급을 나누지 않으려야 나누지 않을 수 없어 보였습니다.

독일의 철학자 프리드리히 니체가 '르상티망(ressenti-ment)'에 대해 이야기한 적이 있습니다. 이는 약자가 강자에게 품는 질투, 원한, 열등감, 시기심을 의미합니다. 니체는 이러한 르상티망을 가진 자들이 2개의 길 중 하나로 간다고 했습니다. 하나는 르상티망의 원인이 된 가치 기준에 복종하는 것이고, 다른 하나는 그 가치를 전도 혹은 전복하는 것입니다. 그런데 대부분이 전자보다 후자를 선택합니다. 예를 들어, 부자를 향한 부정적인 시선을 들 수 있습니다. '그들은 악하다.', '분명 누군가를 착취해서 부를 쌓았을 거야.', '강남? 서초? 거기에 사는 게 대수야? 진정한 행복은 그런 데 있지 않아.'라고 생각하는 것이죠. 한마디로 부의 가치를 부정하고, 무너뜨리려 합니다. 이런 르상 티망적 사고는 상상 이상으로 사회에 만연해 있습니다.

또 르상티망을 가진 사람들은 두 부류로 나뉩니다. 자신을 타인과 같은 수준으로 끌어올리거나, 타인을 자기보다 못한 가치를 추구하는 사람으로 끌어내립니다. 혹시 우리에게 이런 르상티망이 있지는 않은지 고민해 볼 필요가 있겠습니다. 사회가 계급화되며 양극화로 치닫는 이유의 내면에는 이런 르상티망이 존재합니다. 부자를 인정하지 않는 르상티망과 자신보다 가난한 자를 하대하는 르상티망이 그것입니다. 우리 사회가 이런 질투심과 오만을 극복해 낸다면, 진정한 평등으로 나아가리라 믿습니다.

르상티망을 경계해야 할 이유가 하나 더 있습니다. 바로 불필요한 르상티망은 지나친 비판주의에 빠지기 쉽다는 점입니다. 본인의 약점을 극복하기 위한 노력보다 상대에 대한 질투와 비판을 우선하게 되는 것이죠. 그렇다면 내 집 마련을 준비하는 우리는 어떤 자세를 가져야 할까요?

먼저 부자를 인정해야 합니다. 그들이 부를 이루고, 부동산 투자에 성공한 것은 단순히 운이 좋아서가 아닙니다. 그들의 실력이지요. 또 그들이 걸어간 길은 내가 걸어가야 할 길이기도 합니다. 다시 말해, 부자들은 우리보다 앞서간 선구자입니다. 이 사실을 인정한다면, 그들로부터 배울 점이 보입니다.

다음으로 르상티망의 원인이 된 가치를 인정해야 합니다. 르상티망의 원인이 된 가치란 무엇일까요? 부자, 물질, 좋은 주거환경 등입니다. 어쩌면 이런 자본주의 요소에 순응하는 것이 부자가 되는 출발점인지도 모르겠습니다.

한 연구에 따르면, 가난한 환경에 있는 사람보다 부유한 환경에 있는 사람이 도파민, 세로토닌, 엔도르핀과 같은 행복 호르몬을 더 많이 분비한다고 합니다. 그러니 우리가 물질을 추구하는 것은 죄악이 아닙니다. 좋은 주거환경을 원하는 것이 해로운 게 아닙니다. 오히려 우리를 지켜주는 울타리와도 같습니다. 르상티망으로 인해 가치가 전복되지 않도록 주의하시길 바랍니다. 그리고 그것들을 적극적으로 추구해 자본주의 게임에서 승리하십시오.

6)
성공한 사람에게
박수를 보내라

"행복은 성공과 별개다.", "성공은 운일 뿐이다.", "성공이 당신의 진정한 가치를 말해주지는 않는다."와 같은 말을 들어본 적이 있을 겁니다. 언뜻 들으면 그럴싸하지만, 성공을 교묘하게 깎아내리는 표현들입니다. 듣기에는 편할지는 몰라도, 결국 성공의 가치를 축소하고, 과소평가하는 논리니까요. 부디 이러한 말에 공감하지 않기를 바랍니다.

성공의 정의는 사람마다 다릅니다. 어떤 이에게는 건강이, 어떤 이에게는 시간의 자유가, 또 다른 이에게는 부나 지식이 성공일 수 있습니다. 그 기준이 무엇이든, 모든 성공은 박수받아야 합니다. 과정도, 결과도, 모두 존중받아야 합니다. 하지만 성공을 평가절하하는 사람들은 겉으로는 겸손한 척하면서도, 속으로는 타인의 성공을 깎아내리고 있습니다. 우리는 이런 사고방식에서 벗어나야 합니다. 이와 관련해 세계적인 세일즈 트레이닝 전문가 그랜트 카돈은 성공에 있어 중요한 세 가지 요소를 강조합니다.

첫째, 성공은 중요하다는 점입니다. 지금 이 순간을 살고 있는 내 인생은 소중합니다. 내가 지금 누리는 시간뿐만 아니라 미래에 누릴 수 있는 시간도 마찬가지입니다. 내 성공은 단순한 개인의 만족으로 끝나지 않습니다. 그것은 확장됩니다. 내가 성공하면, 내 가족도 안정된 삶을 누릴 수 있습니다. 내가 경제적으로 풍요로워지면, 내 주변 사람들에게도 긍정적인 영향을 미칠 수 있습니다. 따라서 성공은 나 자신뿐만 아니라 공동체에도 중요한 의미를 가집니다.

둘째, 성공은 의무라는 사실입니다. 만약 당신에게 기회가 주어진다면, 성공과 실패 중 무엇을 선택하시겠습니까? 실패를 선택하는 사람은 단 한 명도 없을 겁니다. 그렇다면 우리는 성공을 향해 나아가야 합니다. 단순한 목표가 아니라 사력을 다해

좇아야 할 의무와도 같은 것입니다. 끊임없는 노력과 사고력이 당신을 성공이라는 목적지로 이끌 것입니다. 성공은 해도 그만, 안 해도 그만인 선택지가 아닙니다. 반드시 이루어야 할 과제입니다.

셋째, 성공에는 한계가 없다는 진실입니다. 한 번 성공했다고 해서 멈춰서는 안 됩니다. 성공은 지속되어야 합니다. 건강이라는 영역에서 성공을 이루어 건강한 육체를 가졌다면, 이제 한계가 없는 성공의 영역을 확장할 시기입니다. 더 성숙한 인성이라는 성공에 도전할 단계입니다. 물질적 자유라는 성공의 영역으로 나아가야 할 때입니다. 풍부한 지식이라는 성공에 시도할 마음을 먹어야 합니다. 하나의 목표를 달성했다고 해서 만족하지 마십시오. 성공은 계속해서 확장할 수 있는 끝없는 도전입니다.

혹시 타인의 성공을 비난한 적이 있나요? 잘 떠오르지 않는다면, 누군가 좋은 시기에 부동산 투자로 수억 원을 벌었다는 소식을 들었을 때, 어떤 생각을 하게 될지 떠올려 봅시다. 가령, '저 사람은 운이 좋았을 뿐이야.', '타이밍이 맞아서 자산이 늘었겠지.', '저런 부동산 투기꾼들 때문에 나라가 망하는 거야.'와 같은 생각이 든다면 당장 지워야 합니다. 이런 사고방식은 패배자의 마인드이기 때문입니다. 게다가 내 인생에 아무런 도움이 되지 않습니다. 대신 그들의 성공 비결을 분석하고, 배우려는 자세를 가져야 합니다. 직접적으로 어떻게 내 집 마련에 성공했는지, 부동산 선별을 어떻게 했는지 물어봐도 좋습니다. 방법을 배우고, 실천하십시오.

타인의 성공이 내 실패를 의미하지 않습니다. 내 실패가 타인의 성공을 의미하지도 않습니다. 성공을 부정하는 태도에서 벗어나십시오. 성공은 과정과 결과 모두 박수받아야 합니다. 그리고 당신도 반드시 박수받을 사람이 되었으면 합니다.

7)
내 집 마련은
운명을 건
백병전이다

지금까지 책을 덮지 않았다면, 분명한 사실이 하나 있습니다. 당신은 언젠가 반드시 내 집을 마련한다는 점입니다. KB국민은행 박원갑 부동산 수석전문위원은 그의 저서를 통해 "내 집 마련은 나와 내 가족의 운명을 건 백병전이다."라고 했습니다. 내 집을 마련한다는 게 그만큼 치열한 싸움이고, 반드시 승리해야 하는 전투라는 의미지요.

만약 내 집 마련이 나와 내 가족의 운명을 건 싸움이라면, 우리는 준비 없이 전장에 나설 수 없습니다. 아무런 계획 없이 막

연한 기대만 품고 있다면, 패배하고 말 테니까요.

내 집 마련은 선택이 아니라 필수입니다. 그리고 그 결과에 따라 당신의 미래가 결정됩니다. 내 집 마련에 실패하면 어떻게 될까요? 수년간 벌어온 돈이 허망하게 사라질 수도 있고, 재기가 어려운 수준의 손실을 입을 수도 있습니다. 그렇기 때문에 반드시 대비해야 합니다.

부동산 매수는 인생에서 가장 큰 쇼핑입니다. 우리는 마트에서 우유 한 팩을 구매할 때조차 가격, 브랜드, 유통기한을 꼼꼼히 따집니다. 그런데 정작 인생 최대의 소비가 될 내 집 마련을 앞두고는 어떤 준비를 하고 있습니까? 무작정 운에 맡길 생각을 하고 있지는 않나요?

이 싸움에서 승리하려면 전략이 필요합니다. 좋은 시기에 매수한 단 한 채의 아파트가 당신과 당신의 가족을 노후까지 안전하게 지켜줄 것입니다. 운명을 건 백병전은 이미 시작되었습니다. 당신은 이 싸움에서 반드시 승리해야 합니다.

2

현주소를 점검하라

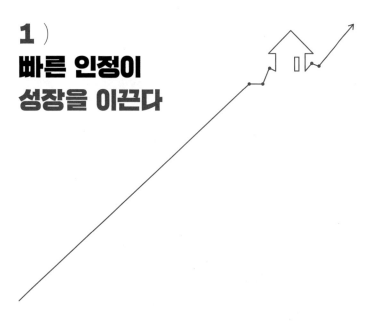

1)
빠른 인정이
성장을 이끈다

2022년 하반기, 한 30대 초반의 신혼부부 컨설팅을 진행한 적이 있습니다. 상담은 두 사람의 보금자리에서 이루어졌는데, 해당 지역은 부산의 한 구축 아파트로, 수요가 몰리는 지역은 아니었습니다. 집에 들어서자마자 가장 먼저 거실에 누워 있는 갓난아기가 눈에 띄었습니다. 잠시 후 내부를 둘러보니 새시부터 바닥 장판, 타일, 싱크대까지 풀 인테리어가 되어 있었습니다. 그들의 설명에 따르면 지인의 추천을 받아 그 집을 매수하고, 꽤 공을 들여 인테리어까지 마쳤다고 했습니다.

문제는 매수 시기가 최악이었습니다. 다름 아닌 2021년, 부산 부동산 시장이 최고점을 찍었을 때였습니다. 자초지종을 들어보니, 부동산 관련 지식이 부족했던 부부는 지인의 "초등학교가 가깝다.", "산책로가 가까이 있다." 등 주거환경이 좋다는 말만 듣고 계약을 한 것이었죠. 결국, 신혼부부는 'FOMO(Fear of Missing Out)'의 희생양이 되고 말았습니다. 저는 이들에게 부동산의 기본적인 사이클에 대해 설명해 주었는데, 그 과정에서 안타까움보다는 희망을 보았습니다. 그 이유는 다음과 같습니다.

첫째, 본인들의 잘못을 인정했습니다. 기본적으로 부동산 투자에서 가장 위험한 태도는 '내가 고점에 물렸지만 곧 다시 오를 거야.', '이 지역은 저평가된 곳일 거야.'와 같은 근거 없는 낙관론입니다. 다시 말해, 많은 사람이 자신의 실수를 인정하지 않고, 합리화합니다. 하지만 이 신혼부부는 달랐습니다. 부동산 시장을 제대로 이해하지 못했고, 잘못된 시기에 매수한 부분을 철저히 인정했습니다. 부동산 시장에서 이 같은 자기 객관화는 필수입니다. 잘못된 선택을 인정해야 더 나은 다음 선택을 할 수 있으니까요.

둘째, 자책하지 않았습니다. 상담을 신청한 신혼부부는 결혼과 동시에 평생 모아온 돈을 투자해 아파트를 매수했을 겁니다. 어쩌면 양가 부모님의 도움을 받았을 수도 있고, 분명 대출도 했겠지요. 그런데 고점에 매수하는 바람에 손해를 보았습니다. 충분히 서로를 원망할 수도 있는 상황이었지요. 그래도 그들은 탓하지 않았습니다. 대신, 컨설팅 내내 '어떻게 다시 일어설 것인가?'에 초점을 맞추었습니다. 심지어 조언을 해주었던 지인에 대한 원망도, 그 흔한 하소연도 제게 하지 않았습니다.

셋째, 현재 살고 있는 집의 거주 가치를 충분히 누리고 있었습니다. 부동산 시장을 바라보는 대다수의 사람이 거주의 가치보다 투자의 가치에 집중합니다. 제가 많이 듣는 질문 중 하나가 "A가 좋아요? B가 좋아요?"인데요. 이 질문의 진짜 의미는 "A가 더 많이 오를까요? B가 더 많이 오를까요?"입니다. 물론, 부동산 매수에서 자산의 증식을 배제할 수는 없습니다. 좋은 매물을 선택함에 따라 노후도 보장할 수 있으니까요. 그로 인해 부동산 시장은 이미 투자화되어 있습니다. 여기서 문제는 거주의 가치 즉, 내가 살면서 누리는 이득보다 시세 차익에만 집중한다는 것입니다. 그러나 내 집 마련에 있어서 가장 우선으로 고려해야 할 부분은 거주의 가치입니다. 신혼부부는 이 점을 잘 이해하고 있었습니다. 손해를 보기는 했으나 본인들이 꾸며놓은 집에서 사랑하는 아기와 함께 지내는 현재를 감사하게 여기는 모습에서 느껴졌습니다.

거주의 가치가 와닿지 않는 분들을 위해 하나의 예를 들어 보겠습니다. 우리는 여행을 가게 되면 숙소 예약을 합니다. 하룻밤에 20~30만 원도 아낌없이 지출하죠. 편안한 쉼을 위해서요. 그런데 매일 생활해야 할 '내 집'이라는 공간에서 그 가치를 무시할 수 있을까요? 우리가 며칠간의 여행 또는 다른 스케줄로 집을 떠나 있다가 현관에 들어서자마자 하는 말만 떠올려 봐도 바로 이해될 거예요. "역시 우리 집이 최고다!"

내 집 마련의 꿈을 꾸고 있다면, 시세 차익에 집착하지 마십시오. 내 집 마련의 핵심은 그곳에서 만들어갈 행복입니다.

2)
투자는
선택이 아니라
필수다

광복 이후, 80년간 대한민국 경제는 그 어떤 나라와도 비교할 수 없을 만큼 빠르게 성장해 왔습니다. 한국은행 자료에 따르면, 국내총생산(GDP) 규모는 1953년을 기점으로 2000년까지 523배 증가했습니다. 같은 기간 동안 일본이 239배 성장한 것과 비교하면, 대한민국의 저력을 단적으로 보여주는 수치입니다.

현재 우리나라의 경제 규모 순위는 최근 소폭 하락했지만, 2024년 GDP 기준으로 세계 14위이니 경제 강국이라는 사실은 변함없습니다. 기아와 전쟁에 허덕이던 나라에서 경제 대국으로 도약하면서 사회 변화의 속도도 빨라졌고, 시대별 가치 또한 달라졌습니다. 세월이 흐르면, 그 시대에 맞는 가치 역시 변화하는 법입니다.

근현대 1세대인 우리 할아버지 세대를 떠올려봅시다. 그 시대의 최고 가치는 노동력 그 자체였습니다. 해가 뜨기도 전에 일어나 고봉밥 한 그릇 먹고, 논과 밭으로 향하는 것이 일상이었습니다. 육체노동이 가족을 부양하는 유일한 수단이었습니다. 노동력만 충분하면, 8남매도 거뜬히 키울 수 있던 시대였습니다.

근현대 2세대인 우리 부모님 세대는 어땠을까요? 그때의 최고 가치는 교육과 저축이었습니다. 시골에서 도시로 올라온 부모님 세대의 가장 큰 경쟁력은 노동력에서 교육으로 넘어가는 시기였습니다. 좋은 대학을 졸업해 안정적인 월급을 받으면, 성실한 저축만으로도 미래를 준비할 수 있었습니다. 다음의 1980년대 부산은행의 예금 금리 포스터만 봐도 알 수 있습니다. 3개월짜리 상품의 금리가 15%였고, 20%대 금리 상품도 흔했습니다. 따라서 저축만으로도 내 집을 장만할 수 있었던 시대였죠. 어쩌면 이런 이유로 부모님이 우리에게 공부를 강요했는

지도 모르겠습니다. 우수한 성적을 받아 좋은 대학에 가고, 안
정적인 직장을 얻어 성실하게 사는 것이 인생 최고의 가치였던
시절이었으니까요.

　마지막으로 근현대 3세대인 현재의 2040세대의 삶을 살펴
봅시다. 2025년 최저 시급은 10,030원으로 월급으로 환산하면
2,096,270원입니다. 근현대 1세대처럼 노동력만으로 가족을
부양하기는커녕, 나 한 명 생활하기에도 벅찬 금액입니다. 이런
현실은 '소득대비주택가격배율(PIR)'을 통해 더욱 실감할 수 있
습니다. 2025년 2월 서울의 PIR이 26.8로, 서울 중위 소득 노동
자가 서울의 평균 주택을 구매하려면 26년 8개월이 걸린다는
뜻입니다. 심지어 그사이 한 푼도 쓰지 않고 모아야 가능한 수
치입니다. 그야말로 월급만으로 내 집 마련은 사실상 불가능한

시대가 되었습니다. 노동력만으로 성공할 수 있었던 우리 할아버지 시대의 가치가 유효하지 않음을 의미합니다.

그렇다면 좋은 대학 졸업장이 우리 삶을 보장해 줄까요? 최근 잡코리아에서 실시한 설문조사에 의하면, 2024년 대졸 구직자 739명의 희망 연봉 평균이 3,610만 원이었습니다. 대기업 취업을 준비하는 이들의 희망 연봉은 평균 4,300만 원, 외국계 기업이 3,830만 원, 중견기업이 3,520만 원, 중소기업이 3,070만 원이었고요. 이를 월급으로 환산하면 약 300만 원 정도입니다. 그렇습니다. 더는 좋은 대학 졸업장이 미래를 보장해 주지 않습니다. 그렇다고 저축을 해서 내 집을 마련하는 것도 불가능합니다. 그럼, 2040세대의 돌파구는 무엇일까요?

정답은 '투자'입니다. 왜 투자를 해야 하는지 알아볼까요? 2025년 1월, 투자 데이터 분석 서비스를 제공하는 Crypto-Quant에서는 2025년 비트코인의 최소 가격 목표가 2.2억 원, 시장 흐름과 자본 유입에 따라 3.7억 원까지도 바라본다고 밝혔습니다. 그뿐만 아닙니다. 서울 서초구 반포에 위치한 래미안 원베일리의 2024년 11월 국민 평수(이하 국평) 시세는 약 50억 원을 상회합니다. 2023년 7월 최저 시세가 28억 원이었으니, 15개월 만에 20억 원 넘게 상승한 것입니다. 부산의 사직 롯데캐슬 역시 2023년 2월 국평 최저 가격이 7.9억 원이었는데, 2024년 11월에는 10억 원을 넘겼습니다. 1년 9개월 만에 2억 원 이상 오른 것입니다. 불과 몇 년 전인 2022년, 부동산 시장이 폭락했을 때는 어땠나요? 이제 부동산은 끝났다는 주장이 힘을 얻었습니다. 하지만 단 6개월 만에 반등이 시작되었고, 2023년 상반기에는 다시 상승세로 돌아섰습니다.

무분별한 투기나 영끌을 조장하려는 게 아닙니다. 다만, 자산의 가치 상승은 월급보다 훨씬 강력한 수단임을 강조하려는 것입니다. 이는 미래에도 변하지 않는다고 확신합니다. 이를 뒷받침해 줄 근거가 있습니다. 한국부동산원에서 실시하는 서울 아파트 매매실거래지수와 유동성을 나타내는 지표인 M2와의 상관계수 CORREL 공식을 적용해 2010~2024년의 수치를 구하면, 0.9라는 결과가 나옵니다. 1에 가까우면 가까울수록 정비례하는 상관관계가 있다는 것입니다. 즉, 시중에 유동성이 풀리는 만큼 자산 가격이 상승한다는 뜻입니다. 이 부분을 이해한다면, 투자는 선택이 아니라 우리가 살아가는 데 있어 필수적인 요소임을 부정할 수 없을 겁니다. 즉, 자산 가격은 시중의 유동성이 풀리는 대로 그 가치가 결정된다는 의미입니다.

3)
진(診)의 눈으로
분석하라

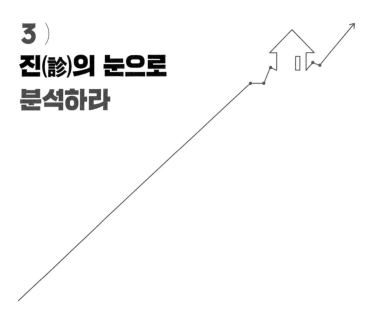

　야구감독 김성근의 저서 《인생은 순간이다》를 읽고, 큰 감명을 받았습니다. 해당 책에는 인생 전반뿐만 아니라 부동산 영역에도 적용할 만한 중요한 교훈이 있었습니다. 그 가운데 인상적이었던 한마디가 있습니다. 바로 "진(診)의 영역에 도달해야 한다."가 그것입니다. 여기서 말하는 진은 '진찰하다'라는 의미입니다.

　보통 '진찰'이라고 하면, 의사가 환자를 살피는 장면을 떠올리게 됩니다. 그렇다면 진찰할 때 의사가 고려해야 할 부분은 무엇일까요? 그저 청진기를 대보고, 혈압을 측정하는 것만으로는 부족하겠지요. 진정한 명의라면, 환자가 문을 열고 들어오는 발걸음부터 그의 눈빛, 호흡, 맥박, 심리까지 파악할 줄 알아야 할 것입니다. 김성근 감독이 이야기하는 진의 영역은 바로 이런 것입니다. 즉, 작은 신호 하나라도 놓치지 않고, 분석하는 자세입니다.

부동산도 마찬가지입니다. 단순히 시장의 한 부분만을 보고 결론을 내리는 게 아니라 다각도로 분석하는 능력이 필요합니다. 하지만 현실에서는 그렇지 못한 경우가 많습니다. 10년이 지나도 하나의 방향만을 고수하는 사람들이 있습니다. 크게 하락론자와 상승론자로 나눌 수 있지요. 그들의 논리는 다음과 같습니다. 우선 하락론자는 "서울 아파트 매도 물량이 사상 최고치를 기록했으니 시장은 하락할 것이다."라고 말합니다. 또 상승론자는 "향후 공급량이 줄어들 것이니 집값은 계속 오를 것이다."라는 주장을 내놓습니다. 모두 그럴듯하게 들리지만, 이런 단순한 논리는 현실과 어긋나는 경우가 많습니다. 예를 들어, 2024년 하반기의 서울 아파트 매물량은 9만 호를 넘어섰습니다. 그런데도 가격은 하늘 높은 줄 모르고 치솟았고, 현재도 그러합니다. 반대로 공급량이 부족한 시절, 매매 가격이 조정된 적도 많습니다.

이처럼 한 가지 논리만을 맹신하는 것은 위험합니다. 중요한 것은 '내가 원하는 방향'이 아니라 '실제 상황을 객관적으로 바라보는 태도'입니다. 제가 이렇게 이야기하는 이유가 있습니다. 하나의 방향만을 주장하는 이들은 본인의 바람을 전망에 투영하는 경우가 많아서입니다. 몇 달 전, 한 하락론자의 인터뷰에서도 이 부분을 느꼈습니다. 사회자의 "부동산이 하락하길 바랍니까?"라는 질문에 "그렇습니다."라고 답했으니까요. 짧은 답변 속에서 부동산 전망에서 가장 경계해야 할 태도가 엿보였습니다. 기억해 두세요. 전망에 개인적인 바람이 개입되는 순간, 그것은 분석과 전망이 아닌 주장이 되어버립니다. 객관성을 잃은 전망은 더 이상 예측이 아니라 희망 사항일 뿐입니다.

한번 더 강조합니다. 부동산도 진의 영역으로 바라봐야 합니다. 명의가 환자의 몸과 마음을 종합적으로 살피듯, 부동산도 여러 요소를 면밀하게 분석해야 합니다. 단순히 매물량과 공급량뿐만 아니라 거래량, 전세가율의 추이, 금리, 심리, 정부 정책 등 모든 지표를 종합적으로 고려하는 태도가 필요합니다.

우리는 2020~2022년 급등과 급락을 경험했습니다. 많은 젊은 세대가 '벼락거지'라는 단어가 현실이 될 수 있음을 체감했습니다. 그러니 단순한 하락론과 상승론에 빠지지 마십시오.

시장을 종합적으로 분석하고, 진짜 전문가가 되십시오. 이는 부동산뿐만 아니라 인생 전반에도 적용됩니다. 진의 영역에 도달하는 것이야말로 당신의 삶을 더욱 유익하게 만들어 줄 것입니다.

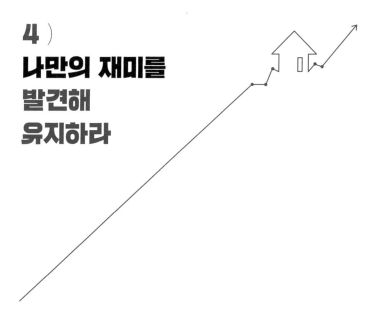

4)
나만의 재미를
발견해
유지하라

의지만으로 실천할 수 있는 일에는 한계가 있습니다. 지속성을 가지려면, 결국 자신이 추구하는 분야에서 흥미를 느낄 수 있어야 합니다.

이쯤에서 제가 5년 동안 이어온 하루 루틴을 간단히 말씀드리겠습니다. 저는 아침에 눈을 뜨면, 가장 먼저 실거래를 확인합니다. 전날 등록된 매매·전세 거래량을 살펴보고, 주요 아파트들의 거래 현황과 가격 변동을 체크하는 것이죠. 그리고 출근길에는 유튜브로 좋아하는 목사님의 설교 한 편을 듣습니다. 이후에는 매일 쏟아지는 부동산 콘텐츠 중에서도 제가 신뢰하는 전문가들의 전망과 토론을 듣습니다. 참고로 저의 출근길은 꽤 오랜 시간이 소요되어서 차 안에서 듣는 강의와 분석은 저에게 중요한 공부 시간이자 투자입니다. 점심 식사를 한 후에는 네이버 블로그로 구독 중인 부동산 콘텐츠들을 읽습니다. 시장을 깊이 들여다보는 전문가들의 분석을 접하면서 큰 인사이트를 얻어가는 느낌입니다. 퇴근길에도 출근길에서처럼 신뢰하는 전문가들의 전망과 토론을 경청하며, 하루 동안 변화한 시장의 흐름을 다시 한번 정리합니다. 그렇게 집에 도착해 저녁 식사를 마치고 나면, 또다시 출근합니다. 컴퓨터 앞에 앉아 나만의 분석을 정리하고, 시장 모니터링을 하며, 필요한 데이터들을 손품 팔아 확인하는 것이죠. 이 작업은 늦어지면 새벽 2시까지 이어지기도 하고, 아무리 일찍 마무리해도 밤 11시가 넘어갑니다.

5년이라는 시간이 짧다면 짧고, 길다면 길다고 할 수 있습니다. 그렇다 하더라도 제가 작심삼일에 그치지 않고, 오랫동안 변함없이 루틴을 지켜올 수 있었던 비결은 무엇일까요? 바로 부동산에 대한 흥미 덕분입니다. 단순한 의무감만으로 5년을 지속하기란 쉽지 않습니다. 하지만 저는 부동산 시장을 분석하고, 전망하는 일이 즐겁습니다. 그래서 이 루틴을 꾸준히 유지해 올 수 있었습니다.

문득 이런 생각을 해 본 적이 있습니다. '나는 왜 이 일이 재미있을까?' 분석과 전망 자체에서 흥미를 느끼는 것도 맞습니다. 그보다 제가 흥미를 잃지 않고 이 일을 지속하는 가장 큰 이유는, 이것이 저의 미래를 보장해 준다는 확신이 있어서입니다. 더불어 부동산을 통해 자산을 차곡차곡 쌓아가고 있다는 사실도 중요한 이유입니다.

어떤 계기로 부동산 공부를 시작하셨나요? 큰 다짐을 하며 입문하셨습니까? 그렇다면 처음의 마음을 잊지 말고, 지속해 보십시오. 한두 달 집중하다가 포기하지 말고, 시장을 지켜보며 꾸준히 남아 있을 인내심이 필요합니다. 이를 위해서는 작은 성공 경험이 필요합니다. 작은 성공이 반드시 수익을 의미하지는 않습니다. 스스로 계획한 하루 미션 완수하기, 일정 기간 내에 목표한 시드 모으기, 궁금했던 지역에 직접 방문해 보기 등 이 모두가 작은 성공입니다. 그리고 이 작은 성공이 모이면, 수익이라는 선물 혹은 저점 매수라는 기회가 당신의 삶에 다가올 것입니다. 그러니 포기하지 마십시오. 당신은 충분한 능력과 재능을 가진 사람이니까요.

5)
비교를
성장의 발판으로
삼아라

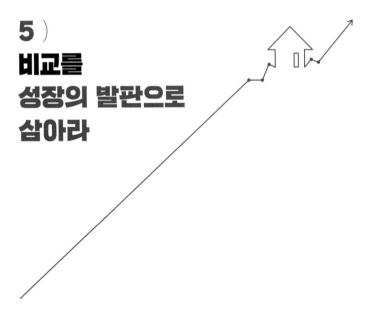

"당신 자신을 다른 사람과 비교하지 마라. 그렇게 하는 것은 스스로를 모욕하는 행위이다.", "태양과 달을 비교할 필요는 없지 않은가. 비교하지 마라.", "당신의 이웃을 바라보지 말고, 거울 속의 자신을 바라보라." '비교'와 관련한 명언입니다. 이 외에도 비교에 대한 명언을 검색해 보면, 수십 페이지에 걸쳐 쏟아집니다. 그리고 대체로 부정적인 시선을 담고 있습니다. 타인과의 비교는 불행으로 가는 지름길인 것처럼 말이죠.

하지만 정말 그럴까요? 저는 다르게 생각합니다. 비교 자체는 오히려 긍정적인 것입니다. 비교를 통해 나의 부족한 부분을 발견할 수 있고, 타인의 강점을 정면교사 삼아 성장할 수 있으니까요. 문제는 비교를 하면서 좌절감에 빠지는 데 있습니다.

제가 취업을 준비하던 20대 후반, 누구나 그렇듯 저 역시 이력서를 작성했습니다. 지원서에는 여러 질문이 있었는데, 그중 하나가 "본인의 장점을 서술하라."였습니다. 정확히 기억나지는 않지만, 저는 "제 주변에는 배울 점이 있는 뛰어난 친구가 많습니다."라고 적었습니다. 실제로 그랬습니다. 인성이 훌륭한 친구, 리더십 있는 친구, 신앙심이 깊은 친구, 언제나 세련된 옷차림을 유지하는 친구 등 각기 다른 장점을 가진 친구들이 있었으니까요. 저는 그 친구들을 보며 비교했습니다. 그렇다고 해서 그들을 질투하거나 불편해하지 않았습니다. 오히려 그들의 강점을 내 것으로 만들고 싶었습니다.

제 인생의 좌우명 중 하나가 "2등 하자."입니다. 주변의 뛰어난 친구들을 뛰어넘지는 못하더라도, 그들의 장점을 내 것으로 만들어 최소한 2등은 하자는 의미죠. 이 신념은 지금도 변함이 없습니다. 그렇게 2등을 하다 보면, 언젠가 누군가의 1등이 될 수 있다는 믿음이 있으니까요.

제가 운영하는 오픈채팅방에서 올라온 이야기 하나를 소개해 보겠습니다. 4인 가족이 오피스텔 방 2개에서 생활할 수 있겠느냐는 질문이 있었습니다. 많은 사람이 따뜻한 조언을 해 주었습니다. "불편하지만 가능하다.", "응원한다." 대부분 선의에서 나온 말이었죠. 하지만 질문자가 이 조언을 그대로 받아들이고, 위로 속에서 안주해 버린다면 어떨까요? 발전은 없습니다. 비교하지 않는다면, 지금의 상황을 더 나은 방향으로 바꿀 동기 자체가 사라질 것입니다. 그보다 비교를 통해 본인의 부족함을 깨닫고, 더 나은 환경을 갖춘 이들을 목표로 삼아 자신의 수준을 끌어올리는 것, 이것이 비교의 순기능입니다.

세상 모든 물질에는 관성이 존재합니다. 즉, 현재 상태를 유지하려는 성질이 있죠. 독일 출신의 경영 컨설턴트이자 머니 코치인 보도 섀퍼는 이렇게 말했습니다. "가장 위험한 중독은 낮은 수준의 삶에 중독되는 것이다." 혹시 당신도 이런 생각을 하고 있지 않나요? '이 정도면 충분해.', '이 정도 월급이면 감사하면서 살아야지.', '부자는 나와는 상관없는 이야기야.' 왜 스스로 한계를 정하고 만족하려 하나요? 왜 더 높은 곳으로 올라갈 수 없다고 생각하나요?

집값이 너무 비싸다는 이야기를 자주 듣습니다. 길을 가다가 마천루처럼 솟아 있는 아파트를 보며, '저런 비싼 집은 도대체 누가 사는 걸까? 나는 평생 저런 곳에서 살아볼 기회도 없겠지.'라고 생각한 적이 있나요? 그런데 말입니다. 당신이 동경하는 그곳도 결국 누군가가 살고 있는 곳입니다. 비교의 순기능을 통해 언젠가는 당신과 당신의 가족이 그 주인공이 될 수 있기를 진심으로 응원합니다.

6)
누구와 영향을
주고받을 것인가

인간은 사회적 동물입니다. 서로에게 영향을 주고받으며 살아가니까요. 그런데 영향을 받는 것 자체는 피할 수 없지만, 누구에게 영향을 받을지는 우리가 선택할 수 있습니다.

한편, 독일의 정신과 의사 요아힘 바우어는 이런 말을 남겼습니다. "인간에게 가장 강력한 마약은 타인이다." 타인의 생각과 가치관이 나도 모르는 사이 내 의식 속으로 스며든다는 의미입니다. 만일 이해가 안 된다면, 당신이 가장 가까이하는 사람들을 떠올려 보세요. 그들의 사고방식과 삶의 방향성이 당신의 인생에도 큰 영향을 미치고 있을 것입니다.

제 경험을 하나 이야기해 보겠습니다. 제 누나는 인천 송도 국제신도시의 1기 투자자였습니다. 당시 저는 부동산에 전혀 관심이 없었고, 집을 사는 누나를 보며 '투기꾼'이라고 비판했습니다. 대한민국 집값이 치솟는 이유도 누나 같은 사람들 때문이라고 생각했죠. 하지만 시간이 지나고 보니 저도 어느새 첫 집을 사고, 수익을 내며 투자자의 길을 걷고 있었습니다. 누나를 비판하면서도 저는 무의식적으로 누나의 영향을 받고 있었던 겁니다.

결국, 어떤 사람을 내 곁에 두느냐는 아주 중요한 문제입니다. 만약 주변에 "투자는 투기다.", "부자는 사회의 적이다.", "우리는 성실하게 직장 생활만 하며 살아야 한다."라고 말하는 사람이 있다면, 그 생각이 어느 순간 당신의 의식 속에 자리 잡을지도 모릅니다. 반대로 "부자가 되는 건 나쁜 게 아니야.", "투자자는 똑똑한 사람들이야.", "돈이 모든 행복을 가져다주진 않지만, 많은 부분에서 우리를 자유롭게 만들어줘."라고 말하는 사람이 있다면, 그 역시 당신의 삶에 스며들 것입니다.

혹시 '크랩 멘털리티(Crab Mentality)'라는 말을 들어본 적이 있나요? 어부들이 잡은 게를 살아있는 채로 바구니에 던져 놓아도 단 한 마리도 탈출하지 못하는 현상을 의미합니다. 다른 게들이 끌어내리지만 않아도 게는 쉽게 탈출할 수 있는데 말이죠. 부정적인 타인은 이런 크랩 멘털리티 효과와 동일합니다. 이런 말을 하면, 누군가는 제가 관계를 너무 계산적으로 바라본다고 생각할지도 모릅니다. 하지만 계산 없이 맺은 관계가 당신을 깊은 바구니 속으로 끌어내리고 있다면, 다시 한번 생각해 볼 문제가 아닐까요?

당신의 이상향은 당신을 더 높은 곳으로 이끌어 줄 것입니다. 자수성가한 사업가, 성공한 스포츠 선수, 혹은 깊은 철학을 좇는 사람 등 다양한 롤모델이 있을 수 있습니다. 이제 선택의 순간입니다. 앞으로 살아갈 날이 많은 당신, 어떤 사람들과 영향을 주고받으며 살아가고 싶나요? 답은 이 글을 읽고 있는 당신의 결정에 달려 있습니다.

7)
내 집 매수의 적기는 언제인가

"공포에 매수하고, 환희에 팔아라." 부동산 공부를 하는 분들이라면 수백 번은 들었을 이야기일 겁니다. 이는 부동산뿐만 아니라 모든 투자에 적용되는 명언입니다. 그런데 이를 실천하기란 참 어려운 모양입니다.

예를 들어보겠습니다. 2021년, 대한민국 부동산 시장이 고점을 찍었을 때, 전국 아파트 매매 거래량은 약 110만 호였습니다. 반면, 시장이 바닥을 찍어 매수하기에 적기였던 2023년의 거래량은 약 73만 호에 불과했습니다. "공포에 매수하고, 환희에 팔아라."라는 말을 수도 없이 들었을 텐데, 사람들은 여전히 반대 방향으로 움직입니다.

이때뿐만 아닙니다. 2020년 하반기, 대한민국 집값이 유례없이 폭등했습니다. 그러자 사람들은 이 기회를 놓치면 안 된다는 불안감 즉, FOMO에 휩싸였습니다. 이에 따라 집값이 오를수록 더욱 강한 매수 광기가 대한민국을 덮쳤습니다. 그러다 2022년, 미국발 고금리 쇼크가 터졌습니다. 집값은 빠르게 하락했고, 시장은 얼어붙었습니다. 이때 서울 아파트의 월 매매 거래량은 500건까지 떨어졌습니다. 공포가 시장을 지배한 순간이었습니다. 그런데 어떻게 되었습니까? 2023년 1월부터 거래량이 반등하기 시작했고, 이후 완만한 회복세를 보였습니다. 결국, 2022년 하반기가 부동산 매수의 적기였다는 이야기입니다. 그러나 그때 서울 부동산을 매수한 사람은 단 500명뿐이었습니다.

공식은 단순합니다. 거래량이 최정점에 달하면 '환희'의 순간으로 매도해야 할 때입니다. 거래량이 최저점에 도달하면 '공포'의 순간으로 매수해야 할 때입니다. 이보다 쉬운 공식이 있을까요? 다만, 이를 실천하려면 평소 꾸준한 마인드컨트롤이 필요합니다.

매매 거래량이 증가하는 이유는 사람들이 앞으로 더 오를 것이라는 기대감을 가지기 때문입니다. 그 기대감이 최정점에 도달하면, 사람들은 부동산이 언제나 우상향한다고 착각합니다. 하지만 환희 속에서 매수한 사람에게 남는 건 고점에 물렸다는 자책감과 가족을 향한 죄책감뿐입니다.

부동산 시장에는 사이클이 존재합니다. 급등장 뒤에는 급락장이, 급락장 뒤에는 회복장이 옵니다. 이 당연한 흐름을 외면한 채, 공부 없이 주변의 권유로 부동산을 매수하고, '상향 기우제'를 지내는 실수를 범하지 마십시오.

2020년부터 2023년까지의 급등·급락장을 거치며, MZ세대의 부동산 아이큐(저는 이것을 BQ라고 부릅니다)는 눈에 띄게 높아졌습니다. 당신은 그 수준을 얼마나 따라가고 있는지 생각해 보시길 바랍니다. 너무나도 많이 들었지만, 실천하기 어려운 '공포에 매수, 환희에 매도'를 제대로 적용하려면, 지금부터 마인드 세팅을 하십시오. 당신의 선택이 당신의 미래를 결정합니다.

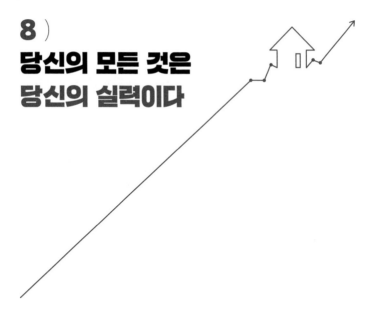

8)
당신의 모든 것은
당신의 실력이다

저는 최근 제가 꾸준히 구독해오며, 주의 깊게 살펴보는 인사이트 제공자의 새로운 저서를 읽었습니다. 저자는 국내의 대표적인 하락론자이지만, 저는 그의 인사이트를 즐겨 탐독하며, 많이 배우고 있습니다.

부동산 시장에서는 다양한 의견을 듣는 것이 무엇보다 중요합니다. 모든 의견을 열린 마음으로 받아들이고, 그 안에서 나만의 결론을 도출해 내는 것이 핵심입니다. 즉, 타인의 인사이트를 그대로 받아들이는 것이 아니라, 이를 바탕으로 나만의 인사이트를 만들어내는 것입니다. 따라서 내가 신뢰하는 전문가라 할지라도, 무조건적인 수용은 금물입니다. 그보다 비판적인 시각을 유지하며, 전문가의 의견을 읽어 나가야 합니다. 무분별한 수용은 성장의 걸림돌이 될 수 있기 때문입니다. 어쩌면 세상에는 완벽한 부동산 전문가는 존재하지 않을지도 모릅니다. 따라서 직접 공부하고 분석하며, 스스로 부동산 전문가가 되어 보길 바랍니다.

다시 책 이야기로 돌아가 봅시다. 저자는 첫 장에서 '실력이라는 착각'이라는 제목으로 흥미로운 화두를 던집니다. 전설적인 투자자 워런 버핏을 예로 들며, 그가 미국 시장에서 투자 활동을 본격적으로 시작한 1995년 이후, 미국 주가지수는 평균 10배 이상 상승했지만, 같은 기간의 한국 주가는 3배 상승에 그쳤다는 점을 지적합니다. 그리고 워런 버핏이 한국에서 태어났다면 지금의 워런 버핏은 존재하지 않았을 것이라고 주장하며, 그의 성공이 실력인지, 운인지 질문합니다.

또 다른 예시로 미래에셋 창업주 박현주 회장을 언급합니다. 그는 1997년, 국내 최초로 자산운용사인 미래에셋투자자문을 설립했습니다. 저자는 박 회장의 성공이 실력보다는 설립 시기에 주목할 필요가 있다고 강조합니다. 1997년은 외환 위기로 인해 주가가 폭락한 시기였으며, 그 시점에서 투자를 시작해 주가가 상승하면서 대한민국에서 가장 성공한 투자자가 되었다는 것입니다. 만약 주가가 한참 오른 시점에서 회사를 설립했다면, 지금의 박현주 회장은 존재하지 않았을 가능성이 높습니다. 즉, 그의 성공에도 운이 크게 작용했음을 시사합니다.

그렇다고 운을 인정하는 것이 곧 겸손을 의미하는 건 아닙니다. 부동산 시장에서의 진정한 겸손은 서로 다른 관점을 열린 자세로 수용하는 데서 출발합니다. 10~20년째 하락만을 주장하는 사람도 있고, 같은 기간 동안 오직 상승만을 외치는 사람도 있습니다. 중요한 것은 양쪽 의견을 모두 경청하고, 그 안에서 자신만의 인사이트를 구축하는 것입니다. 한쪽 주장만 맹신하는 순간, 우리는 겸손을 잃게 되고, 이는 부동산 인사이트 형성에 치명적인 손실을 초래할 수 있습니다.

제가 가장 신뢰하는 부동산 철칙 중 하나는 "거래량이 바닥이면, 시세 또한 바닥이다."라는 말입니다. 이 원칙이 적용된 때가 바로 2022년 11월입니다. 당시 서울 아파트 매매 거래량은 단 583건으로, 2000년 이후 25년간 월평균 거래량 5,399건과 비교하면 충격적인 수치입니다. 그러나 이 기준에 따르면, 그때는 절호의 매수 타이밍이었습니다. 실제로 2023년 1월에 특례보금자리론 시행 이후, 서울 부동산 가격이 큰 폭으로 반등했으니까요. 여기서 이런 질문을 할 수 있습니다. "2022년 11월에 용기를 내어 서울 아파트를 매수한 583명은 단순히 운이 좋았던 것일까?" 아닙니다. 대한민국 부동산이 끝났다는 비관론이 최고조에 달했을 때 과감히 매수 결정을 내린 이들은 단순한 운이 아닌, 철저한 시장 분석과 인사이트를 바탕으로 한 대한민국 최고의 부동산 전문가들입니다. 앞서 설명한 겸손이 인사이트를 얻을 수 있다는 말이 바로 적용되는 대목입니다.

물론, 운도 중요합니다. 그러나 운이 우리의 자산 가치를 결정하지는 않습니다. 당신의 미래 자산을 결정하는 것은 100% 당신의 실력입니다. 현재의 자산 상태는 과거 수많은 선택이 쌓여 만들어진 결과입니다. 그렇기에 자기객관화가 중요합니다. 성공한 투자자의 사례를 단순한 운으로 치부한다면, 결국 우리가 얻는 것은 자기 위로나 질투뿐입니다. 하지만 객관적인 시각으로 그들의 성공 비결을 분석한다면, 우리는 그들의 인사이트를 배울 수 있습니다.

시장은 끊임없이 변화합니다. 끝없이 상승할 것 같던 부동산 시장도 2022년을 기점으로 보합세를 거쳐 급락했습니다. 심지어 2022년 하반기에는 부동산 가격이 많게는 반토막이 나면서 끝없는 폭락이 이어졌습니다. 이처럼 상황은 언제나 변합니다. 영원할 것 같던 상승장도 끝이 나듯, 끝이 없는 폭락도 일정 구간이 지나면 다시 반등하기 마련입니다. 그렇기에 상승론자와 하락론자의 의견을 모두 경청하고, 그들의 인사이트를 내 것으로 만드는 과정이 필요합니다.

이제 부동산은 단순한 거주의 개념을 넘어 투자의 개념이 더 강하게 투영된 시장입니다. 그렇기 때문에 가격이 하락하면 반드시 투자 수요가 유입될 수밖에 없습니다. 거래량이 바닥이면 시세 또한 바닥이라는 사실을 기억하시길 바랍니다. 누구나 공포 속에서 매수 결정을 내리는 것은 쉽지 않습니다. 하지만 이런 결정을 내릴 수 있는 사람은 평소 철저한 준비와 마인드 컨트롤을 해온 사람들입니다. 시장의 변화를 믿고, 본인만의 확신을 가질 필요가 있습니다. 운으로 치부하기엔 실력이 절대적으로 필요한 분야가 바로 부동산 시장입니다.

서울 부동산을 저점에서 매수한 583명, 다음 사이클에서는 당신이 이 숫자에 포함되길 바랍니다. 운이 아닌 실력이 필요합니다. 지금부터 준비하십시오.

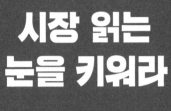

시장 읽는
눈을 키워라

1)
과연 선한 의도는
좋은 결과를
낳는가

"정부 기능의 확대는 자유방임에 대한 침해가 아니다. 나는 그것이 자본주의의 붕괴를 막는 유일한 수단이라는 점에서 지지한다." 거시경제학의 아버지라 불리는 존 메이너드 케인스가 남긴 말입니다. 그의 역작인《고용, 이자 및 화폐의 일반이론》에서 강조한 내용이죠. 즉, 경제를 시장에만 맡겨둘 것이 아니라, 정부가 적극적으로 개입해 보완책을 마련해야 한다는 것이 그의 사상입니다. 그러나 정부가 개입한다고 해서 시장이 반드시 원하는 방향으로 흘러가는 것은 아닙니다.

2020년 7월, 대한민국 부동산 시장이 요동치기 시작했습니다. 집값이 가파르게 오르자 정부는 이를 해결하기 위한 방안으로 계약갱신청구권, 전월세상한제, 전월세신고제를 핵심으로 하는 '임대차 3법'을 2020년 7월 30일부터 시행합니다. 이에 따라 세입자는 기존 2년이었던 임대차 계약을 2년 더 연장할 수 있게 되었고, 임대인은 이를 거부할 수 없게 되었습니다. 또 재계약 시 임대료 인상 폭이 5%로 제한되었습니다. 명분도 분명했고, "임차인을 보호하겠다."는 선한 의도였습니다.

결과는 어땠을까요? 임대차 3법이 시행된 이후, 부동산 시장의 몇몇 주요 지표를 살펴보며 설명을 이어 가도록 하겠습니다.

먼저 한국부동산원에서 공개한 전세실거래지수를 나타낸 그래프를 보겠습니다. 자료에 따르면 2020년 7월, 서울 아파트 전세실거래지수는 113.9였습니다. 그러나 임대차 3법 시행 이후인 2021년 6월의 수치를 보면 126.1까지 치솟은 것을 확인할 수 있습니다. 불과 11개월 만에 12.2포인트가 급등한 것입니다. 임차인을 보호하겠다던 법이 오히려 임차인을 궁지로 몰아넣은 셈입니다. 한마디로 정부의 의도와는 다르게 시장이 흘러가는 모습입니다.

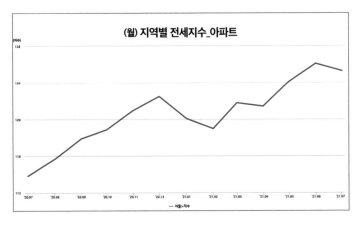

(월) 지역별 전세지수_아파트

— 서울>지수

출처: 한국부동산원

또 다른 지표도 살펴보겠습니다. 다음은 KB부동산에서 발표한 서울 전셋값 전망지수입니다. 이 지수는 0~200 범위에서 측정되며, 100을 넘으면 전셋값이 상승할 가능성이 높다는 뜻입니다. 그런데 2020년 7월에 임대차 3법 시행 이후, 이 지수는 꾸준히 상승했습니다. 계약 기간이 2년에서 4년으로 연장되면서 임대인들이 부담을 느껴 신규 전세 공급을 줄였기 때문입니다. 전세 매물이 감소함에 따라 전셋값이 폭등하는 부작용이 나타난 것이죠.

한편, 오스트리아 출신 경제학자 프리드리히 하이에크는 이렇게 말했습니다. "지옥으로 가는 길은 선의로 포장되어 있다."

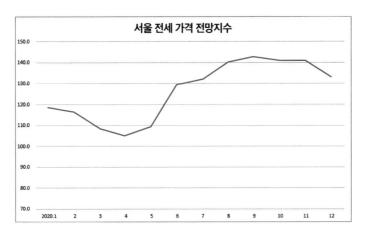

서울 전세 가격 전망지수

2020년 7월 30일, 정부는 선한 의도로 임대차 3법을 시행했습니다. 전세금 상한 요율을 5%로 규제하고, 계약 기간을 2년에서 4년으로 연장함으로써 임차인을 보호하려 했죠. 하지만 결과는 정반대였습니다. 임대인 그리고 다주택자들이 전세를 줄이면서 공급이 급감했고, 전셋값은 폭등했습니다. 하이에크의 경고가 현실이 된 순간입니다.

정부 개입이 항상 나쁜 결과를 초래하는 것은 아닙니다. 하지만 우리는 '선한 의도'가 '좋은 결과'로 이어지지는 않는다는 점을 반드시 기억해야 합니다.

2)
인간은
넓게 살고
싶어 한다

통계청 자료에 따르면, 대한민국의 가구 수는 꾸준히 증가하고 있습니다. 2016년에 1,936만 가구였던 대한민국의 가구 수가 2023년에는 2,220만 가구까지 증가하며, 그 속도가 가파른 것을 확인할 수 있습니다. 반면, 대한민국의 인구는 지속적으로 감소하고 있으며, 국토부의 장래인구추계에 따르면, 2040년을 기점으로 대한민국의 인구는 5,000만 명 이하로 줄어들 것으로 예상됩니다. 즉, 인구는 줄어들고 있지만, 가구 수는 오히려 증가하는 '핵가구화' 현상이 진행되고 있습니다.

핵가구화의 가장 두드러진 특징은 1·2인 가구의 급격한 증가입니다. 이에 따라 소형 아파트의 전망이 밝다는 의견이 있습니다. 충분히 설득력 있는 분석입니다. KB부동산 자료를 살펴보면 2024년 11월, 서울 아파트 매매 평균가는 중소형(전용 60~85㎡)이 12.2억 원, 소형(전용 60㎡ 이하)이 7.9억 원에 육박했습니다. 이는 분양가 부담이 높아지면서 소형 아파트를 찾는 수요가 증가했음을 보여줍니다.

그렇다면 핵가구화 시대에 대형 아파트의 미래는 어떻게 될까요? 많은 사람이 대형 아파트의 전망을 부정적으로 보고 있습니다. 대신 소형 아파트에 대한 수요가 더 높을 것으로 예측합니다. 그러나 저는 조금 다른 시각을 가지고 있습니다. 여기서 말하는 대형은 단순히 규모가 큰 오래된 아파트가 아니라 '수요가 충분한 지역의 대형 아파트'라는 점을 전제로 하겠습니다.

첫째, 대형과 소형은 매수 주체가 다릅니다. 일반적으로 소형 아파트의 주요 수요층은 젊은 신혼부부, 딩크족, 비혼주의 청년, 사회 초년생 그리고 은퇴한 중장년층입니다. 이들은 높아진 집값과 본인의 생활 패턴에 맞춰 소형을 선택하는 것이죠. 반면, 대형 아파트의 주요 수요층은 어느 정도 소득이 있는 중산층과 자산을 축적한 시니어들입니다. 최근에는 젊은 층에서도 대형을 원하는 사람이 꽤 있습니다. 결국, 소형을 원하는 매수자와 대형을 원하는 매수자를 동일한 집단으로 간주하여 분석하는 것은 적절하지 않다고 생각합니다.

둘째, 본능적인 지향점은 대형입니다. 인간은 누구나 더 넓고, 쾌적한 공간을 원합니다. 만약 경제적 여유가 있다면, 우리는 소형보다는 대형을 선택할 가능성이 높습니다. 최근 높아진 집값과 분양가 부담으로 인해 많은 사람이 외곽 지역이나 더 작은 평형을 선택하고 있지만, 부동산 시장은 인간의 욕망이 흐르는 방향으로 움직입니다. 과거에는 20평대가 4인 가족의 보편적인 주거 형태였지만, 현재는 34평이 표준으로 자리 잡은 상황만 봐도 알 수 있습니다. 시간이 지나면서 사람들이 원하는 공간의 크기는 지속적으로 확대되고 있습니다. 핵가구화가 진행되는 미래에도 이 흐름은 변하지 않을 가능성이 높습니다. 기억하세요. 부동산 시장은 언제나 인간의 욕망에 따라 흐릅니다.

셋째, 공급이 적습니다. 경제학에서 가장 기본적인 원리 중 하나는 수요와 공급의 균형입니다. 시장에서 상품과 서비스의 가격과 수량이 결정되는 핵심 요소죠. 이를 이해한다면, 대형 아파트의 가치는 여전히 탄탄할 것임을 알 수 있습니다. 예를 들어, 부산의 4,488세대 대단지인 대연디아이엘을 살펴보겠습니다. 2027년 4월에 입주 예정인 이 단지는 25평 1,229세대, 34평 2,663세대, 39평 이상 대형은 358세대로 구성되어 있습니다. 대형 아파트의 비중이 전체의 7%에 불과합니다. 그에 반해, 25평과 34평의 합은 전체 공급 물량의 약 74%에 달합니다. 소형 그리고 국평과 비교했을 때 대형의 공급은 말 그대로 절벽입니다. 이쯤에서 물어봅니다. 핵가구화로 향후 대형을 향한 수요가 줄어들 것으로 예상하나요? 동의합니다. 저도 그렇게 생각합니다. 대신, 그에 맞추어 공급 또한 줄어들 것입니다. 인간 본성이 더 넓은 공간을 원하지만, 공급이 줄어든다면 대형의 수요가 존재할 수밖에 없습니다.

넷째, 로열동은 여전히 앞 동의 대형입니다. 네이버 부동산, 아실, 호갱노노 등 부동산 플랫폼을 열어 관심 있는 아파트의 평형별 배치도를 확인해 보시길 바랍니다. 일반적으로 로열동이라고 불리는 곳은 역세권과 가깝거나, 조망이 좋은 최전방, 혹은 앞 동과 옆 동의 간섭이 없는 쪽에 위치합니다. 그리고 대부분이 대형 평수입니다. 물론, 개인적인 취향으로 단지 뷰 혹은 숲세권을 좋아하는 사람도 있지만, 일반적으로 더 좋은 가격을 받을 수 있는 동의 위치가 그러합니다. 다수가 원하는 위치는 정해져 있다는 뜻이지요. 핵가구화가 진행 중임에도 왜 로

열동은 아직도 대형이 차지하고 있을까요? 그 이유는 대형 아파트의 수요가 여전히 존재해서 그렇습니다. 다시 말해, 모두가 그런 것은 아닙니다만, 대형을 원하는 자산가 수요자와 소형을 원하는 중산층 수요자를 겨냥한 건설사의 의도적인 배치입니다. 여기서 부동산이 단순히 가구 수만으로 결정되는 것이 아님을 알아야 합니다.

마지막으로, 좋은 대형 아파트는 일반적으로 '대형 프리미엄'을 보유하고 있습니다. 투자 수요는 회전율이 높은 소형이나 중형에 집중됩니다. 반면, 대형 아파트는 주인이 살고 있는 실거주 수요가 많습니다. 따라서 하락장에서는 매물이 쉽게 나오지 않고, 상승장에서는 희소성이 커지면서 가치가 더욱 높아지는 경향이 있습니다. 만일 지금, 평균 가격 이상의 대형 아파트 또는 등급이 높은 대형 아파트 매수를 고민하고 있다면, 충분히 수요가 있는 좋은 매물이라고 말씀드릴 수 있습니다.

3)
이제는
폐쇄성·비대면
시대다

요즘은 엘리베이터에서 이웃끼리 인사를 나누면 좋은 아파트라고 합니다. 참 흥미로운 표현입니다. 불과 몇십 년 전만 해도 우리 사회는 두레문화 속에서 자연스럽게 얽혀 살아갔습니다. 개인의 이익을 따지기보다는 공동체의 유대를 우선으로 여기던 시절이 있었지요. 그러나 이제는 엘리베이터에서 가벼운 인사만 나누어도 좋은 이웃이라고 말하는 시대가 되었습니다. 그런데 많은 사람이 이웃과의 좋은 관계를 원하는 듯하지만, 실상은 점점 더 폐쇄적인 삶을 지향하고 있습니다.

과거의 아파트는 단순한 주거 공간에 불과했습니다. 쇼핑, 문화, 운동, 산책과 같은 여가 활동은 아파트 밖에서 이루어졌지요. 그러나 현재는 불안한 시대에 발맞춰 아파트도 변하고 있습니다. 수많은 수요자가 아파트 안에서 모든 것을 해결할 수 있기를 원합니다. 이렇게 아파트의 개념이 변화하면서 세대도 나뉘게 되었습니다.

1세대 아파트는 '주거 표준화'가 핵심으로 오직 거주를 위한 공간으로 설계되었습니다. 이후 90년대 중반에서 2000년대에 지어진 2세대 아파트는 층수가 많아진 만큼 용적률이 높아졌으며, 지상주차장과 지하주차장이 혼재된 형태였습니다. 커뮤니티도 일부 생기긴 했지만, 제한적이었습니다. 3세대 아파트는 헬스장, 지하주차장 등의 편의시설을 갖추며, 단순한 주거 공간을 넘어섰습니다. 현재 지어지는 대부분의 아파트는 4세대로 분류되는데, 특화된 커뮤니티를 기반으로 조식 서비스, 사우나, 헬스클럽, 스크린골프장, 독서실 등 생활 전반을 해결할 수 있는 공간으로 진화하고 있습니다. 심지어 고급 아파트는 단지 내에 영화관과 대형마트까지 입점해, 사실상 완결된 생활공간이 되어가고 있습니다.

그렇습니다. 아파트는 이제 단순한 주거 공간이 아닙니다.

군이 단지를 벗어나지 않고도 제한적인 타인과의 관계를 통해 일상의 모든 것을 해결할 수 있는 삶으로 진화하고 있습니다. 향후 지어지는 아파트의 핵심은 바로 이 '폐쇄성'에 있습니다. 즉, 얼마나 타인과 마주치지 않고, 내가 원하는 바를 해결할 수 있는가가 관건입니다. 참으로 안타까운 이야기지만 나와 소득이 비슷한 사람, 수준이 비슷한 사람만이 나의 이웃이 되기를 원하고 있습니다.

문제는 공급입니다. 2021년 미국발 고금리로 인한 인플레이션 심화로 분양가는 높아지고, 건설 경기는 위축되고 있습니다. 2024년 기준으로 서울의 향후 5년간 재건축 및 재개발을 통한 순증 주택 물량이 3만여 가구에 불과한 것만 봐도 알 수 있습니다. 그뿐만 아니라 국토연구원의 〈주택공급 상황 분석과 안정적 주택공급 전략 연구〉에서도 2023년 서울의 인허가 물량 2.6만 호, 착공 2.1만 호, 준공 2.7만 호라고 공개했습니다. 이는 2005~2022년 연평균의 절반에도 미치지 못합니다. 만약 이 현상이 장기화된다면, 우리가 원하는 4세대 아파트의 공급이 원활할 가능성은 낮아집니다. 희소성이 가격을 결정하는 부동산 시장의 특성을 고려할 때, 이러한 트렌드는 가격 상승의 요인이 될 수밖에 없습니다.

부동산 시장에서 흔히 "입지가 모든 것을 결정한다."고 합니다. 가격이 오르내리더라도 결국 입지가 좋은 부동산이 높은 가치를 유지한다는 의미입니다. 그러나 새로운 트렌드가 등장했습니다. '얼죽신(얼어 죽어도 신축)'이라는 말이 생길 정도로 신축 아파트에 대한 선호도가 높아졌습니다. 이는 폐쇄성을 지향하는 젊은 세대의 주거 트렌드를 반영하는 현상입니다. 이 폐쇄성을 지향하는 젊은 세대들이 원하는 아파트가 '편의성'이라는 그럴듯한 표현으로 포장되어 시장에 나오고 있습니다. 그런데 향후 원활한 공급이 이루어질 가능성이 낮다면, 부동산 희소성의 원칙에 의해 꽤 오랫동안 입지와 상품성이 동일한 선상에 놓여 가격이 형성될 가능성이 높아 보입니다.

여기에 제 의견을 덧붙여 봅니다. 역세권을 매수하면 평균 가격 이상을 유지한다는 부동산 시장의 불문율이 있습니다. 저도 동의하는 바입니다. 그러나 저는 역세를 크게 중요하게 생각하지 않습니다. 물론, 개인차가 있으며, 특히 서울 수도권의 경우는 다를 수 있습니다. 지하철에서 타인과 몸을 부대끼며 목적지로 향하는 것이 저에게는 크게 유쾌하지 않기 때문입니다. 그래서 저는 짧은 거리라도 자가용을 이용합니다. 국토교통부의 통계에 따르면, 2023년 대한민국의 자동차 총 등록 대수가 2,500만 대를 넘어섰다고 합니다. 한마디로 1인 1차량 시대가 도래한 것이죠. 이는 곧, 젊은 세대에게 역세권의 중요도가 점점 낮아지고 있음을 반영합니다. 더 나아가 서울과 경기권을 제외한 도시에서는 역세권의 입지보다는 상품성이 각광받는 시대가 올 수 있음을 예측할 수 있습니다. 그리고 이 모든 트렌드는 불안한 세상 가운데 인간의 폐쇄성이 짙어지는 특징에서 출발합니다.

2020년 1월 20일, 대한민국에서 첫 코로나 확진자가 발생했습니다. 시간이 흐를수록 확진자는 급증했고, 사회적 거리 두기가 시행되었습니다. 거리 두기가 해제된 2022년 4월 18일까지 약 14개월 동안 대한민국은 많은 변화를 겪었습니다. 그 과정에서 새롭게 자리 잡은 문화가 바로 '비대면'입니다. 코로나 팬데믹 기간 동안 비대면 관련 주식이 약 300%까지 폭등한 것만 보아도 사람들의 소비 패턴과 생활 방식이 얼마나 빠르게 변화했는지 알 수 있습니다. 이제 비대면은 단순한 유행이 아닌 하나의 문화로 자리 잡았습니다. 아파트 시장도 예외가 아닙니다.

폐쇄성과 비대면은 결국 같은 개념입니다. 폐쇄성과 비대면은 우리의 의지나 도덕성으로는 되돌릴 수 없는, 비가역적인 변화임을 인정해야 합니다. 그렇다면 향후 주택 시장의 수요가 어디로 흐를지 예측하는 것은 어렵지 않습니다. 이에 따라 우리는 폐쇄성을 극대화한, 자신의 생활권을 온전히 보장받을 수 있는 공간을 찾게 될 것입니다. 그리고 그런 공간이 희소해질수록 그 가치는 더욱 높아질 것입니다.

4)
구축 아파트를
외면하지 마라

현재 부동산 매수의 주요 수요인 2030세대의 부동산 트렌드는 명확합니다. 앞서 언급했듯 얼어 죽어도 신축 즉, '얼죽신'이라는 신조어가 생길 만큼 신축 아파트를 선호하는 현상은 단순한 유행이 아닙니다. 이는 그들의 주거 트렌드를 고스란히 반영한 표현입니다.

그렇다면 향후 입주 10년 미만의 신축을 제외한 구축 아파트들은 모두 외면받을까요? 제 대답은 "아니요."입니다. 제 의견은 다릅니다. 재건축 이슈를 배제하더라도 구축 아파트가 살아남을 조건은 분명히 존재합니다. 저는 그중에서도 지하주차장과 세대 연결을 필수적인 요소로 꼽고 싶습니다.

우산을 펼치지 않고 집 내부까지 이동할 수 있는 점을 남성들은 크게 신경 쓰지 않을 수도 있습니다. 하지만 여성들에게는 매우 중요한 문제입니다. 육아를 담당하는 시간이 상대적으로 길고, 아이를 카시트에 태우고 내리는 과정에서도 많은 에너지를 소모합니다. 이러한 요소를 고려하면, 여성들의 주거 결정권이 강해질수록 구축 아파트의 매수 조건으로 지하주차장과 세대 연결이 더욱 중요해질 가능성이 높습니다.

그럼, 우리가 흔히 말하는 입지 좋은 구축은 어떨까요? 얼죽신의 트렌드 때문에 우상향하지 않는 것은 아닐까 고민하는 분이 많습니다. 저도 종종 받는 질문 중 하나이고요. 예를 들어, 신축 선호 현상이 더 강해지는 상황에서도 준공 20년이 넘은 입지 좋은 구축 아파트를 매수해도 괜찮을지 묻는 경우가 많습니다. 이와 관련해 부산의 한 아파트를 소개하려고 합니다. 해당 아파트는 2002년에 지어진 1,110세대의 대단지로, 다음 그래프는 이곳의 국평(전용 84㎡) 가격 흐름입니다.

출처: 호갱노노

　　2006년 4월, 평균 2.5억 원에 불과했던 가격이 2024년에는
6.8억 원에 육박하고 있습니다. 더 흥미로운 점은 전세 매물 수
입니다. 2024년 12월 20일 기준으로 단 1건에 불과했습니다.
1,110세대 중 전세 물건이 단 하나라는 건 무엇을 의미할까요?
전세 매물이 나오자마자 바로 계약이 이루어진다는 뜻입니다.
이처럼 전세 수요가 충분한 단지는 월세 가격도 함께 상승하
며, 결국 아파트의 수익률도 높아집니다. 그리고 수익률이 높
은 부동산은 자연스럽게 자산 가치가 상승합니다.

여기서 이런 의문이 생깁니다. '준공 23년 차의 구축 아파트가 왜 꾸준히 가격이 상승하는 걸까?' 정답은 간단합니다. 입지가 좋아서입니다. 우리는 흔히 담론에 매몰되곤 합니다. 마치 신축 선호가 영원할 것처럼, 구축 아파트를 매수해서는 안 되는 것처럼, 여론이 형성되고 있습니다. 하지만 제가 예시로 든 아파트는 역세권, 초등학교 인접, 우수한 학군, 희소한 평지 입지라는 요소를 갖추고 있습니다. 만약 당신이 구축 아파트 매수를 고려하고 있다면, 반드시 전세 수요가 얼마나 탄탄한지를 확인해야 합니다.

장기적으로 전세 수요는 매수 수요로 이어질 가능성이 큽니다. 그리고 이 전세 수요는 아파트 가격의 하방을 단단히 지탱하는 지지선 역할을 합니다. 그럼, 지금부터 전세 수요를 쉽게 판단하는 방법을 알아보도록 하겠습니다.

네이버 부동산의 기본 화면에서 좌측 상단의 동일 매물 묶기를 체크한 후에 관심 단지를 클릭하면, 현재 매매, 전세, 월세 매물 수를 알 수 있습니다. 이를 참고해 기본적으로 알고 있는 전세가 탄탄한 학군지의 전세 매물 수와 관심 단지의 전세 매물 수를 비교해 보시길 바랍니다. 세대 수에 대비해 전세 매물이 희소하다면, 그 아파트는 장기적으로 우상향할 가능성이 높은

아파트입니다. 반대로 전세 매물이 누적되어 있다면, 그 아파트
는 매수보다는 임차 형태로 접근하는 것을 고려해 보시길 바랍
니다.

출처: 네이버 부동산

아직도 입지 좋은 구축 아파트에 대해 의구심을 가지고 있나요? 그런 당신에게 단언합니다. 향후에도 우상향하는 부동산은 비선호 지역의 신축이 아니라 입지 좋은 구축이 될 거라고요. 그러니 트렌드에 휩쓸리기보다 부동산의 본질을 바라보며, 매수를 계획하시길 바랍니다. 미국의 제45·47대 대통령 도널드 트럼프는 정치인이기 이전에 전설적인 부동산 투자자였습니다. 그는 이렇게 말했습니다. "Location, Location, Location!" 즉, 부동산에서 가장 중요한 것은 첫째도, 둘째도, 셋째도 입지라는 뜻입니다.

입지 좋은 구축 아파트를 단순한 트렌드에 휩쓸려 외면하지 마세요. 특히, 지하주차장과 세대 연결이 가능한 단지라면 더욱 매력적인 매수 대상이 될 것입니다.

5)
대형 병원
인근을
주목하라

　대한민국 부동산 시장에서 빠지지 않는 키워드는 '고령화'
와 '인구 감소'입니다. 하지만 이 두 가지 이슈는 먼 미래의 이야
기가 아닙니다. 이미 현실이 된 위기입니다. 우리는 이 흐름을
거스를 수 없다면, 받아들이고 대비해야 합니다.

　통계청의 장래인구추계에 따르면, 2025년 대한민국의 총
인구는 5,168만 명입니다. 이로부터 20년 후인 2045년에는
4,883만 명까지 줄어들 것으로 예상하고 있습니다. 이는 곧 부
동산 수요의 부재를 의미하기도 합니다.

일반적으로 인구가 줄어들면 도시 규모가 축소되고, 특히 외곽 지역은 인구 감소가 더욱 심각해질 가능성이 큽니다. 이 같은 현상은 현재도 수도권을 제외한 대부분의 도시에서 나타나고 있으며, 지방 소멸이 현실적인 위협으로 다가오고 있습니다. 어쩌면 그 속도는 우리가 예상하는 것보다 더 빠를지도 모릅니다.

그렇다면 고령화의 추이는 어떨까요? 다음 그래프는 통계청에서 발표한 대한민국 기대 수명입니다. 2020년 83.5세였던 기대 수명이 2050년에는 88.6세로 증가합니다. 또 도표에는 나타나지 않았지만, 여성의 경우에는 2050년 기대 수명이 90.7세라고 합니다. 이에 따라 2025년의 65세 이상 고령 인구 비율 20.3%가 2050년이 되면 40.1%까지 높아집니다. 불과 25년 만에 고령화 비율이 두 배로 증가하는 것입니다. 한마디로 대한민국이 고령화 사회를 넘어 초고령화 사회로 빠르게 진입하고 있음을 알 수 있습니다.

여기서 질문을 하나 해봅니다. 노인들에게 가장 중요한 생활 인프라는 무엇일까요? 바로 '병원'입니다. 고령층의 질병 유병률은 필연적으로 높습니다. 나이가 들수록 병을 안고 살아가는 것은 자연스러운 현상이니까요. 특히, 뇌졸중이나 심장 질환

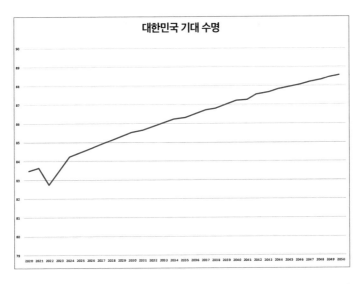

대한민국 기대 수명

출처: 통계청

처럼 골든타임이 중요한 질병은 거주지에서 대형 병원까지의 거리는 생명과 직결됩니다. 위급 상황에서 골든타임을 지킬 수 있는 병원이 가까이 있다면 적절한 치료를 받아 생명을 구할 수 있지만, 그렇지 않다면 목숨이 위태로울 수도 있으니까요. 이로써 거주 인프라 내에 골든타임을 지킬 수 있는 병원이 없다면, 그 사실은 노인들에게 큰 불안으로 작용할 것입니다. 그러므로 밀접한 병원 인프라는 노인들에게 거주 선택의 핵심 요건이 될 수밖에 없습니다.

이제 결론이 나옵니다. 고령화가 진행될수록 의료 인프라가 탄탄한 지역의 부동산 가치는 하락할 가능성이 낮습니다. 대형 병원 인근은 지속적으로 수요를 확보하는 지역이 될 것입니다. 다시 말해, 젊은 세대의 부동산 수요도 중요하지만, 향후 증가할 노인들의 주거 수요가 어디로 향하는지 분석하는 작업 또한 놓쳐서는 안 되는 시대입니다. 하지만 지방 도시는 규모가 작아짐으로써 의료시스템이 붕괴되어 갈 것입니다. 일본에서는 이를 개선하기 위해 지방에서 근무하는 의사에게 지원금을 지급한다는 방침을 내놓았다고 합니다. 2026년부터 시행되는 이 제도는 연간 100억 엔(약 944억 원)가량을 지방 의사에게 지원할 계획이며, 오로지 의사들의 인건비로만 사용할 예정이라고 하니, 의료 인프라의 대도시 쏠림 현상이 우리나라의 문제만은 아닌 듯합니다. 대한민국 역시 비슷한 길을 걸을 가능성이 높습니다. 이미 2023년, 순천의료원에서 외과 의사 채용을 위해 연봉 4억 원을 제시한 바 있습니다. 그런데도 충원이 어려웠다고 하니 그만큼 지방 의료 시스템이 무너지고 있는 실정입니다.

의료 인프라가 부동산 시장에서 중요한 변수로 작용할 수밖에 없는 시대입니다. 이 점을 염두에 두고, 부동산 시장을 바라보길 바랍니다. 미래를 예측하는 가장 좋은 방법은 현재 벌어지는 변화를 읽는 것입니다. 대형 병원 인근을 주목하십시오. 그곳이 미래의 안전자산이 될 가능성이 높습니다.

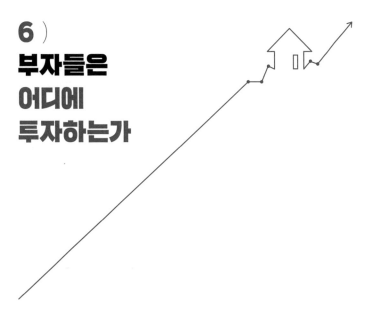

6)
부자들은
어디에
투자하는가

앞서 KB경영연구소에서 발행하는 〈한국 부자 보고서〉를 언급한 바 있습니다. 이 보고서는 한국 부자들의 자산 관리 노하우를 집중적으로 분석함으로써 부자의 꿈을 키우고자 하는 이들에게 중요한 가이드라인을 제시하는 데 목적을 두고 있습니다. 개인적으로는 돈의 흐름과 부자들의 자산이 어디로 향하는지를 보여주고 있어서 반드시 읽어볼 가치가 있다고 생각합니다. 특히, 2024년에 발표한 〈한국 부자 보고서〉에는 부동산에 적용할 만한 큰 인사이트가 수록되어 있습니다.

우선, 금융 자산 10억 원 이상을 보유한 한국 부자는 2024년 기준으로 총 46.1만 명이며, 이는 대한민국 전체 인구의 0.9%를 차지합니다. 즉, 금융 자산이 10억 원 이상이면 대한민국 상위 1% 부자로 분류된다는 의미입니다. 지역별로는 서울 20.8만 명, 경기 10.1만 명, 부산 2.9만 명, 대구 1.9만 명, 인천 1.4만 명 순으로 나타납니다. 수도권인 서울, 경기, 인천에 한국 부자의 70%가 거주하고 있다는 뜻입니다. 또한 서울과 경기, 인천에서 부자의 수가 전년 대비 0.24만 명 증가했다는 점은 우리가 주목해야 할 부분입니다. 더불어 서울 내에서도 '강남 3구'인 서초, 강남, 송파에 한국 부자의 45.5%가 거주한다는 현실은 우리에게 여러 생각을 하게 만듭니다.

많은 사람이 집값을 소득과 연결해 분석합니다. 하지만 통계를 보면, 지역 내 고액 자산가가 많은 지역의 집값이 소득보다 더 큰 상관관계를 보입니다. 한국부동산원의 자료에도 이러한 실정이 명확히 드러납니다. 2024년 10월, 서울 아파트 평균 가격은 전용면적 기준으로 1,494만 원이었습니다. 그다음으로는 경기가 667만 원, 부산과 인천이 506만 원으로 형성되었습니다. 이는 서울, 경기, 인천의 아파트 가격이 한국 부자들의 지역별 분포와 일치한다는 사실을 시사합니다. 즉, 향후에는 소득보다 자산가가 많은 지역이 유망함을 추측할 수 있습니다. 그래서 우리는 자산가들이 어디에 자산을 배치하는지 꾸준히 모니터링할 필요가 있습니다. 사실 정답은 이미 나와 있습니다. 서울 부동산과 경기 그리고 광역시 정도로 한정할 수 있음을 말입니다. 그야말로 극심한 양극화 시대에 접어들었음을 부인할 수 없습니다.

그렇다면 한국 부자들의 부동산 자산 추이는 어떻게 될까요? 다음 그래프를 살펴봅시다. 2024년 〈한국 부자 보고서〉에 따르면, 한국 부자들의 부동산 자산은 꾸준히 상승하고 있습니다. 2024년에는 2023년과 비교했을 때 10.2% 상승했으며, 이는 약 250조 원의 증가를 의미합니다. 또 2024년 기준으로 한국 부자가 보유한 총 부동산 자산은 2,802조 원에 달합니다. 흥미로운 점은 개인 명의의 부동산 자산은 2022년 하반기부터 2023년 상반기까지 약세를 보였지만, 법인 명의의 부동산 자산은 대형 법인들이 저점 매수를 통해 공격적으로 자산을 늘린 것으로 보입니다. 심지어 인구 감소와 저출산이라는 장기적인 부동산 악재에도 부자들은 여전히 부동산 자산을 포트폴리오에 포함시키고 있습니다. 특히, 총자산 포트폴리오에서 거주용 부동산이 32%로 가장 큰 비중을 차지했습니다. 부자들은 '의식주' 중에서도 '주'라는 필수제에 과감하게 투자한다고 볼 수 있습니다. 이는 곧, 한국 부자들이 선호하는 입지가 좋은 거주용

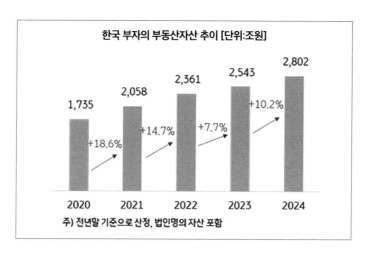

한국 부자의 부동산자산 추이 [단위:조원]

- 2020: 1,735
- 2021: 2,058 (+18.6%)
- 2022: 2,361 (+14.7%)
- 2023: 2,543 (+7.7%)
- 2024: 2,802 (+10.2%)

주) 전년말 기준으로 산정, 법인명의 자산 포함

출처: 한국 부자 보고서

부동산은 향후 매우 좋은 투자처가 될 수 있다고 해석할 수 있습니다.

어쩌면 모든 것이 공간 때문입니다. 더 좋은 공간을 가지려는 욕망, 더 넓은 공간을 원하고, 남들이 가지지 못하는 공간을 향한 우리의 욕심이 바로 부동산 시장의 흐름을 이끄는 원동력입니다. 이제 우리는 자산을 어디에 두어야 할지 명확히 알게 되었습니다. 돈의 흐름이 향하는 곳을 알고 그곳에 갈 수 있다면 좋겠지만, 현실적으로 여력이 닿지 않는 곳도 분명히 존재합니다.

따라서 양극화는 우리 의지와는 관계없이 막을 수 없는 큰 물줄기입니다. 개인적으로는 다가오는 5년이 마지막 기회일 수도 있다는 생각이 듭니다. 이러한 현실을 인정하고 받아들일 때, 우리는 해결책을 찾을 수 있습니다. 만약 현실을 부정하고, 본인의 바람을 전망으로 포장해 버린다면, 올바른 해결책을 찾지 못할 것입니다. 이제 우리가 선택해야 할 것은 '사력을 다한 똘똘이 한 채'입니다. 이 말이 누군가에게는 절망으로 들릴 수도 있겠지만, 그 사실을 인정해야만 우리가 살아남을 수 있습니다.

4

—

결국 정보력이 답이다

1)
모니터링 요소는
곳곳에 있다

대한민국 부동산 지표 발표기관으로는 'KB부동산'과 '한국
부동산원'이 대표적입니다. 이 두 기관은 수십 가지의 부동산
지표를 발표하며, 국내 부동산 시장을 이끌어가는 중요한 역할
을 하고 있습니다. 각 기관의 특성을 짚어보자면, 아래와 같습
니다.

먼저 KB부동산에서는 1986년부터 매달 월간 〈시계열〉을
발간하고 있습니다. 이에 따라 약 40년의 데이터가 누적되어
있어 사실상 자타공인 대한민국 부동산 시장의 길라잡이나 다

름없습니다. 다만, 최근 KB부동산의 아파트 매매지수가 시세 반영 속도가 다소 느리다는 지적을 받으면서, 그 신뢰성에 의문을 제기하는 목소리가 커지고 있습니다.

다음으로 국토교통부 산하 공기업인 한국부동산원은 KB부동산과 함께 부동산 가격 공시 및 통계 조사를 맡고 있습니다. 최근 한국부동산원이 제공하는 대표적인 지표인 실거래지수는 시장의 흐름을 꽤 정확하게 반영하고 있다는 평가를 받습니다.

이렇게 두 기관의 평가가 나뉘는 이유가 있습니다. 바로 표본 및 조사 방식이 달라서입니다. 한국부동산원이 전국의 주요 아파트 약 3.6만 호를 대상으로 표본 조사를 진행한다면, KB부동산은 6.2만 호를 대상으로 전수 조사를 시행합니다. 그런데 이 6.2만 호에는 상대적으로 거래량이 적거나 비선호 단지가 포함되어 정확도가 떨어질 수 있다는 의견이 있습니다. 반면, 한국부동산원의 3.6만 호 표본은 주요 아파트들로만 구성되어 있어, 우리가 주목하는 주요 아파트들의 시세 반영이 빠르다는 장점이 있습니다.

양극화 시대에 접어든 현재, 하급지의 물건까지 지표에 반영되면 왜곡이 발생할 가능성이 높습니다. 또한, KB부동산은 거래된 실거래 가격뿐만 아니라 호가 즉, 매도 희망 가격까지 지표 산출에 반영하기 때문에 정확한 시세 반영이 어려워진 경향이 있습니다. 따라서 주요 아파트를 표본으로 삼아 발표하는 한국부동산원의 지표가 더 빠르게 시세를 반영한다고 볼 수 있습니다. 그러나 조사원 300여 명이 시장을 분석해 내부 시스템에 입력하고, 주택통계부에서 최종 결정해 지표를 발표하는 과정에서 통계 조작의 우려가 존재합니다. 또한 중간 과정에서 정부의 개입 여부가 논란이 되어왔습니다. 문재인 정부 시절, 한국부동산원의 통계를 조작한 혐의로 당시 청와대 정책실장과 국토부장관이 재판에 넘겨진 사건이 있었습니다. 검찰은 125차례 넘게 통계를 조작했다고 밝혔으며, 윤석열 정부에 들어선 뒤에는 인허가, 착공, 입주 실적에서 무려 19만 가구가 누락됐다는 사실이 드러나기도 했습니다.

그렇다면 한국부동산원에서 발표하는 지표 중 어떤 내용을 가장 신뢰할 수 있을까요? 가장 신뢰할 수 있고, 시장 흐름을 잘 반영하는 지표는 바로 한국부동산원 실거래가격지수입니다. KB부동산은 매도 희망 가격까지 지표에 반영하는 반면, 한국부동산원 실거래가격지수는 거래가 완료된 다시 말해, 실제 실거래 가격이 신고된 물건만을 지표 산출에 적용합니다. 이 점에서 시장 분위기를 가장 잘 반영하는 지표로 평가받고 있습니다. 매매와 전세 실거래가격지수가 모두 발표되니, 매달 15일 즈음 한국부동산원 홈페이지에 접속해 시장을 모니터링할 것을 추천합니다.

아래는 한국부동산원의 홈페이지입니다. 하단의 부동산 통계 R-ONE 파트 중 공동주택 실거래가격지수를 클릭하면, 다음 화면으로 이동합니다.

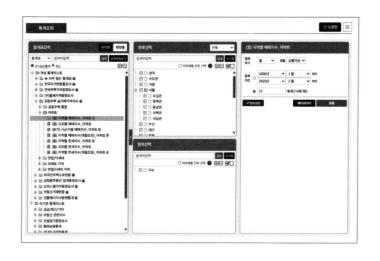

거기서 좌측 공동주택 실거래가격지수-아파트 지역별 매매지수_아파트 순으로 클릭하면, 원하는 지역과 기간을 선택해 해당 지역의 실거래가격지수를 확인할 수 있습니다.

이제부터 한국부동산원의 실거래가격지수가 얼마나 정확한지 확인해 보도록 하겠습니다. 다음 그래프는 한국부동산에서 제공한 부산 아파트 매매실거래지수입니다. 그 다음의 이미지는 부산에서 가장 시세 반영이 빠른 아파트 중 한곳인 사직롯데캐슬더클래식 현황입니다.

한국부동산원의 부산 아파트 매매실거래지수는 2019년

10월 90.6을 기록한 후, 2019년 11월 93으로 반등을 보였습니다. 여기서 사직롯데캐슬더클래식 84A 타입의 시세를 살펴보면, 2019년 하반기 무렵 약 6억 원에 거래되던 시점에 사직롯데캐슬더클래식이 정확히 반등하는 시점과 한국부동산원 부산 아파트 매매실거래지수의 반등 시점이 일치하는 것을 확인할 수 있습니다. 그리고 꾸준히 상승하던 부산 아파트 매매실거래지수가 고점을 찍고, 하락하기 시작한 구간은 2021년 10월에 125.4를 기록한 후, 2021년 11월 124.6이 되면서부터입니다. 그 시점이 부산 아파트의 최고점이었음을 알 수 있습니다.

다음으로 사직롯데캐슬더클래식의 하락 구간을 살펴보면, 2021년 10월에 12.7억 원으로 거래된 이후, 꾸준히 하락 거래

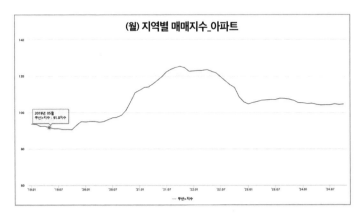

출처: 한국부동산원

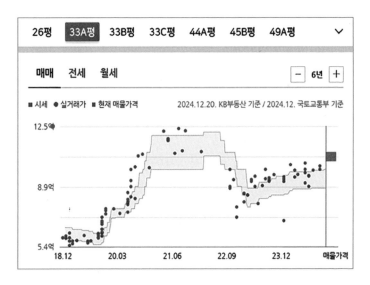

가 등록된 것을 확인할 수 있습니다. 또 2023년 1월, 특례보금자리론이 시행되며 바닥 구간을 형성하는 것 역시 한국부동산원의 실거래지수가 정확하게 반영된 부분입니다.

부산의 대표적인 아파트인 사직롯데캐슬더클래식을 예로 들어 설명해드렸습니다. 만일 관심 있는 지역이 있다면, 그곳의 대표 아파트와 한국부동산원의 매매실거래지수를 제가 소개한 방법처럼 직접 확인해 보시기를 권장합니다.

서울의 실거래지수에 대해서도 살펴보겠습니다. 서울에서 대표적인 지표 단지로 선정할 수 있는 곳은 송파구의 잠실리센츠입니다. 5,563세대의 대단지 구축이긴 하지만, 서울에서 가장 거래 회전율이 높은 단지이기에 지표 단지로 선정하는 데에 이견이 없을 것입니다.

2019년 3월, 서울 아파트 매매실거래지수는 116.1을 기록한 후, 2019년 4월에 116.2로 소폭 반등하며 상승을 시작합니다. 이제 잠실리센츠의 84A 타입 실거래가 흐름을 살펴보겠습니다. 2019년 5월을 기점으로 급격히 시세가 상승하는 모습을 실거래 가격을 직접 언급하지 않아도 쉽게 확인할 수 있습니다. 또 꾸준하게 상승을 이어가던 서울 아파트 매매실거래지수가 2021년 10월에 189.9라는 최고점을 기록한 후, 하락 추세로 변곡점이 온 것도 체크할 수 있습니다.

다시 한번, 잠실리센츠의 84A 타입 실거래가 흐름을 점검해 보겠습니다. 2022년 4월에 한 건의 고점 거래가 있긴 했지만, 2021년 11월부터 급격히 거래량이 줄어들며 시세가 하락세로 접어든 것을 쉽게 알 수 있습니다. 부산과 마찬가지로 서울 역시 한국부동산원의 아파트 매매실거래지수는 시세를 매우 정확하게 반영하고 있다는 증거입니다.

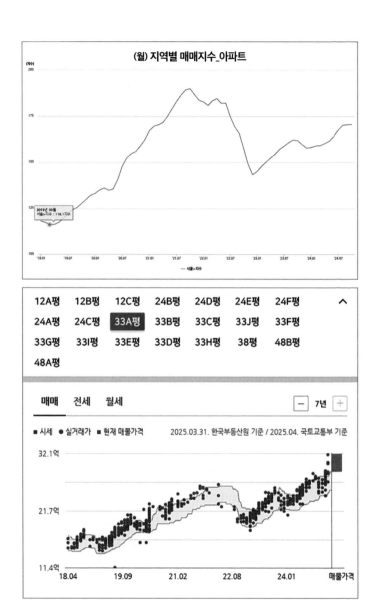

출처: 네이버 부동산

여기서 우리가 얻을 수 있는 인사이트는 무엇일까요? 첫째, 한국부동산원의 매매실거래지수는 믿을 만하다는 것입니다. 앞서 설명했듯 한국부동산원의 매매실거래지수는 전국의 대표 아파트 약 3.6만 호만을 표본으로 우리가 관심 있는 상급지의 물건 시세를 반영합니다. 또한, 실거래가 완료된 물건만을 표본으로 삼아 호가를 반영하는 KB부동산 매매지수보다 신뢰성이 높습니다. 즉, 현재의 분위기를 말해주는 상승과 하락을 지표에 매우 정확하게 반영한다고 볼 수 있습니다.

둘째, 긴 흐름 후 변곡점이 온다면, 매수 또는 매도할 타이밍 이라는 점입니다. 부산의 경우, 2017년 7월 이후 꾸준히 매매 실거래지수가 하락을 이어가다 2019년 10월을 기점으로 상승 추이로 변곡점이 옵니다. 이 변곡점이 바로 매수 시점입니다. 2019년 10월에 매수했다면, 2020년부터 시작된 유동성의 수익은 모두 내 것이 된 셈입니다. 또한 2021년 10월의 하락 변곡점을 보고 매도 타이밍을 잡았다면, 최고점에 매도할 수 있었습니다. 이는 곧 한국부동산원의 매매 실거래지수 변곡점을 바탕으로 매수·매도 타이밍을 잡을 수 있다는 얘기입니다. 특히, 최고점 기간인 2021년 10월은 매수 심리가 여전히 살아 있어서 시세보다 살짝만 저렴한 가격에 물건을 내놓는다면, 충분히 빠르게 매도가 가능한 시장이었죠.

셋째, 선행하는 지표를 모니터링해야 한다는 것입니다. 일반적으로 한국부동산원의 매매실거래지수는 매달 15일 즈음 2개월 전의 지표를 발표합니다. 즉, 2025년 4월 15일에는 2025년 2월의 지표가 발표되는 셈입니다. 변곡점을 잡아 매수·매도 타이밍을 정확히 맞추기는 어렵기 때문에 선행하는 지표들을 살펴보는 것도 중요합니다. 선행지표란, 실거래지수가 움직이기 전에 먼저 움직이는 지표들을 말하는데, 이를 읽는 훈련을 하다 보면 현재보다 2개월 후행하는 실거래지수 방향을 예측할 수 있다는 점에서 유리한 참고자료가 될 수 있습니다. 그럼, 다양한 유형의 선행지표를 보는 방법을 공유해 보겠습니다.

① 선행지표 1_잠정지수

일반적으로 10월 실거래지수는 10월 전체 기간의 실거래가 완료된 표본을 바탕으로 12월에 발표됩니다. 즉, 12월에 볼 수 있는 지수는 2개월 후행하는 지수라는 점을 기억해야 합니다. 그러므로 우리는 잠정지수를 확인할 필요가 있습니다. 12월에 발표되는 잠정지수를 살펴본다면, 11월에 발표될 매매실거래지수를 예측할 수 있는 중요한 단서를 얻을 수 있습니다. 잠정지수는 11월 보름 동안 완료된 실거래를 표본으로 미리 발표하는 지표로, 정확도는 떨어지지만 어느 정도 방향성을 예측해 보기에 충분한 참고자료가 될 수 있습니다. 자료는 한국부동산원 홈페이지-공동주택 실거래가격지수-공개자료실-공표보고서-공동주택 실거래가격지수 순으로 들어가면 확인할 수 있습니다.

공표보고서에서 대도시의 잠정지수를 확인할 수 있었습니다. 2024년 11월 잠정지수는 부산의 경우 −0.15%입니다. 즉, 11월 보름 동안 거래된 아파트는 −0.15%의 하락률을 기록했으며, 11월 잠정지수를 통해 1월에 발표될 11월의 부산 아파트 매매실거래지수는 약보합 정도로 예상할 수 있습니다. 잠정지수를 확인함으로써 두 달 후에 알 수 있는 실거래지수를 한 달 앞서 어렴풋이 예측할 수 있다는 장점이 있습니다. 이에 따라 매달 15일, 매매실거래지수와 마찬가지로 공표보고서에서 잠정지수도 함께 확인하는 것을 추천합니다.

대도시 (Metropolitan Cities)

'24.10월 대도시 아파트 매매 실거래가격지수는 부산, 대전, 울산, 세종 4개 대도시 상승, 대구, 인천, 광주 3개 대도시 하락

- 대도시 아파트 매매 실거래가격지수는 전월(2024년 9월) 대비 울산(0.82%), 대전(0.71%), 부산(0.17%), 세종(0.09%) 상승, 광주(-0.19%), 인천(-0.16%), 대구(-0.05%) 하락
- 24.11월 잠정지수 산정 결과 전월(2024년 10월) 대비 세종(0.87%), 대구(0.11%) 상승, 광주(-1.10%), 인천(-0.61%), 윤산(-0.40%), 대전(-0.21%), 부산(-0.15%) 하락

구분	전년동월 (23.10)	전년말 (23.12)	전월 (24.9)	금월 (24.10)	증감률(%)			잠정지수 변동률(%) ('24.11)
					전년동월	전년말	전월	
부산	107.3	105.4	104.4	104.6	- 2.53	- 0.80	0.17	- 0.15
대구	103.4	101 9	99.7	99.6	- 3.64	- 2.27	- 0.05	0.11
인천	122.3	120.5	124.9	124.7	1.95	3.43	- 0.16	- 0.61
광주	128.3	126.5	123.9	123.7	- 3.59	- 2.21	- 0.19	- 1.10
대전	143.0	141.5	140.5	141.5	- 1.03	0.05	0.71	- 0.21
울산	100.5	99.0	100.1	100.9	0.42	1.90	0.82	- 0.40
세종	135.9	130.9	128.7	128.8	- 5.24	- 1.63	0.09	0.87

출처: 한국부동산원

② 선행지표 2_KB부동산 월간 〈시계열〉의 전세수급지수

공표보고서의 잠정지수를 바탕으로 약 한 달 전의 매매실거래지수를 어렴풋이 파악할 수 있었습니다. 즉, 잠정지수는 매매 실거래지수에 비해 한 달 정도 선행하는 지표입니다. 하지만 우리는 시장의 흐름을 더 빠르게 읽어내고 싶습니다. 이런 욕구를

충족시키며, 가장 적절한 진입 타이밍을 잡아내는 데 도움을 주는 지표가 있습니다. 바로 KB부동산이 매월 발표하는 월간 〈시계열〉의 '전세 수급'입니다. KB부동산의 월간 〈시계열〉은 매달 초, KB부동산의 홈페이지에서 메뉴-KB통계(로그인)-월간 주택 차례로 진행하면 다운로드할 수 있습니다.

KB부동산의 전세 수급은 다운받은 엑셀 파일 23번째 시트에서 확인할 수 있습니다. 전세수급지수는 표본 중개업소를 대상으로 한 표본 설문조사로 집계된 통계로, 현장의 목소리를 잘 대변하는 신뢰성 있는 지표입니다. 전세수급지수는 0~200 범위 내에서 측정되며, 지수가 100을 초과할수록 '공급 부족' 비중이 높습니다. 즉, 숫자가 높을수록 전세 품귀 현상이 강하다는 뜻입니다.

이 전세수급지수가 한국부동산원의 매매실거래지수와 어떤

상관관계를 가지는지 면밀히 살펴보겠습니다. 참고로 부산 부동산 시장을 표본으로 분석을 진행하려 합니다. 2020년 1월부터 2024년 6월까지의 부산 전세수급지수를 살펴보면, 2023년 1월의 부산 전세수급지수는 50.3이었으며, 이후 계속해서 상승 추이를 이어가고 있음을 쉽게 확인할 수 있습니다.

출처: KB부동산

다음은 한국부동산원의 부산 아파트 매매실거래지수와 KB부동산의 부산 전세수급지수의 멀티 차트입니다. 막대그래프는 부산 아파트 실거래지수를, 꺾은선그래프는 부산 전세수급지수를 나타냅니다. 1구간은 전세수급지수가 추이적으로 상승을 시작한 변곡점이고, 2구간은 전세수급지수가 추이적으로 하락을 시작한 변곡점입니다.

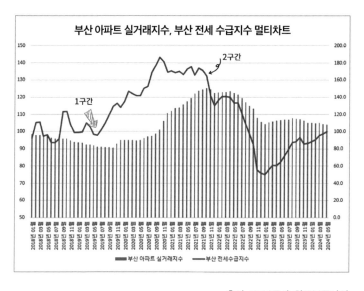

출처: KB부동산, 한국부동산원

1구간과 2구간을 조금 더 유심히 살펴보겠습니다. 전세수급지수가 상승을 시작한 1구간을 확대해 보겠습니다. 꺾은선그래프를 보면, 2019년 7월에 부산 전세수급지수가 추이적으로 상승으로 전환된 것을 확인할 수 있습니다. 막대그래프는 전세수급지수가 상승세로 전환됨에 따라 2019년 10월, 부산 아파트 매매실거래지수가 하락을 멈추고, 보합장을 거쳐 반등하는 모습을 나타냅니다. 즉, 1구간으로 지칭한 2019년 부산 아파트 상승장의 초입 시점을 전세수급지수가 3개월 앞서 포착했다는 것입니다. 만약 이 전세수급지수의 변곡점을 신호로 매수에 나섰다면, 2020년부터 본격적으로 시작된 큰 상승장에 진입하기 전에 좋은 타이밍을 잡을 수 있었다는 뜻입니다.

이제 2구간으로 지칭한 2021년 하락장 진입의 전세수급지수를 보도록 하겠습니다. 2021년 7월, 꺾은선그래프의 부산 전세수급지수가 추이적으로 하락 전환되었습니다. 이후 2021년 11월, 막대그래프의 부산 아파트 매매실거래지수가 전세수급지수 하락으로 전환된 지 4개월 만에 하락세로 돌아선 것을 확인할 수 있습니다. 1구간과 마찬가지로 2구간에서도 부산 전세수급지수가 부산 아파트 매매실거래지수에 선행해 움직였다는 사실이 확인 가능합니다. 만약 2021년 7월, 부산 전세수급지수가 하락으로 전환된 시점을 신호 삼아 매도에 나섰다면, 2022년 시작된 폭락장을 피할 수 있었다는 분석이 나옵니다.

지금까지 살펴본 분석은 일반적으로 매매 시장이 얼어붙기 전에 임대차 시장의 심리가 먼저 반응한다는 점을 활용한 것입니다. 이는 내 집 마련의 신호를 포착하기 위해 임대차 시장의 움직임을 면밀히 모니터링해야 하는 이유이기도 합니다. 서울

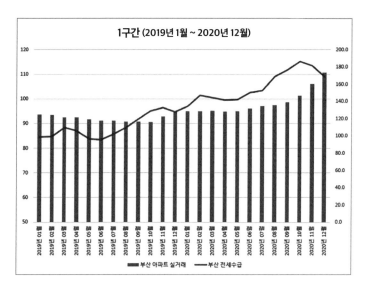

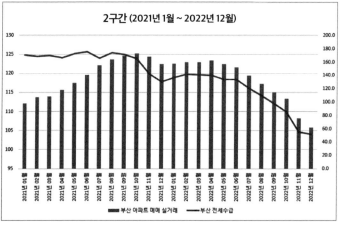

출처: KB부동산, 한국부동산원

과 수도권도 마찬가지겠지만, 특히 광역시나 지방의 경우에는 서울·수도권보다 매매와 전셋값이 밀접하게 연동되어 있으며, 전셋값의 움직임에 더욱 민감하게 매매 가격이 반응한다는 점은 이미 입증된 사실입니다. 따라서 매매 가격을 보다 정확하게 예측하기 위해서는 임대차 시장의 변화를 지속적으로 체크할 필요가 있습니다.

이제는 서울 아파트 실거래지수와 전세수급지수 간의 상관성을 분석해 보겠습니다. 부산과 마찬가지로 서울 역시 전세수급지수가 실거래지수보다 선행해 움직이는 흐름이 관찰된다면, 이를 모니터링함으로써 향후 부동산 매매 가격의 변곡점 즉, 진입 및 출구 타이밍을 잡는 데 활용할 수 있습니다.

다음 그래프는 서울 아파트 매매실거래지수와 전세수급지수를 비교한 멀티 차트입니다. 막대그래프는 서울 아파트 매매실거래지수를, 꺾은선그래프는 서울 전세수급지수를 나타냅니다. 부산과 동일하게 서울 전세수급지수가 추이적으로 상승하기 시작한 구간을 '1구간'으로, 하락세로 전환된 구간을 '2구간'으로 표시해 두었습니다.

우선, 1구간을 좀 더 자세히 살펴보겠습니다. 2018년 하반

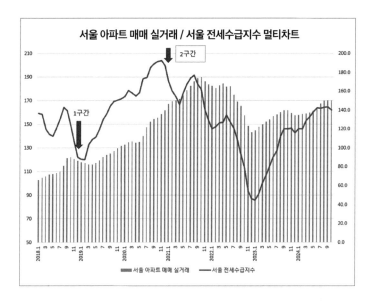

출처: KB부동산, 한국부동산원

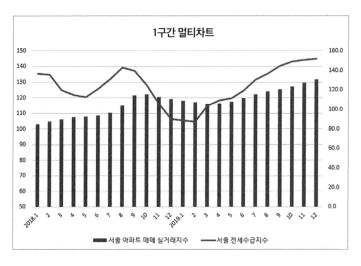

출처: KB부동산, 한국부동산원

기부터 지속적으로 하락하던 서울 전세수급지수가 2019년 3월에 접어들면서 103.8을 기록, 이전 수치인 87.6 대비 큰 폭으로 상승한 모습을 보입니다. 이처럼 의미 있는 반등은 시장 진입 신호로 주목할 필요가 있습니다. 그렇다면 2019년 3월의 전세수급지수 변곡점을 매수 타이밍으로 인식하고 진입했다면, 어떤 결과가 나왔을까요?

이와 관련해 서울 아파트 매매실거래지수를 살펴보겠습니다. 서울 전세수급지수가 반등하기 시작한 2019년 3월 당시, 서울 아파트 실거래지수는 116.1이었습니다. 이후 3개월이 지난 2019년 6월에는 119.7, 9월에는 125.3 그리고 2020년 1월에는 133까지 오르며 꾸준한 상승 흐름을 이어갔습니다. 즉, 2019년 3월의 전세수급지수 변곡점을 매수 신호로 삼아 진입했다면, 2020년에 본격적으로 시작된 폭등장의 수익을 온전히 가져갈 수 있었던 것입니다.

다음으로 전세수급지수가 하락세로 전환된 2구간을 살펴보겠습니다. 2구간은 서울 전세수급지수가 추이적으로 하락을 시작한 시기입니다. 즉, 매도 타이밍을 고민해야 하는 구간이었습니다. 상승장이 컸던 만큼 서울 부동산 시장에 대폭락을 예고하는 강력한 경고였던 걸까요?

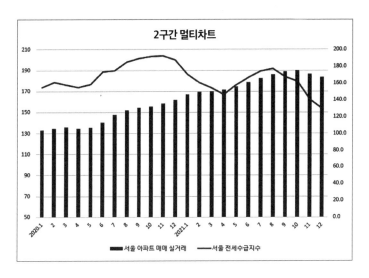

2구간 멀티차트

■ 서울 아파트 매매 실거래   — 서울 전세수급지수

출처: KB부동산, 한국부동산원

서울 전세수급지수는 우리에게 두 번의 기회를 줍니다. 먼저, 2020년 12월에는 서울 전세수급지수가 187.4를 기록합니다. 이는 전월 192.3 대비 4.9 하락한 수치입니다. 2020년 하반기는 그야말로 서울 부동산 폭등장이었습니다. 연일 신고가가 터지며 부동산 카페와 단톡방이 들썩였고, 모두가 상승을 확신하며 FOMO에 휩싸여 너도나도 영끌정신으로 내 집 마련에 열을 올렸습니다. 그때 만약 부동산 시장의 하락을 언급했다면, 아마 '부알못(부동산을 알지 못하는 사람)'이라는 비난을 받았을 겁니다. 이때의 분위기가 궁금한 분은 2020년 하반기 유튜브에 올라온 부동산 영상을 찾아보면 됩니다.

그렇게 모두가 상승만을 외치던 그 순간, 전세수급지수는 조정을 예고하고 있었습니다. 대한민국 부동산 시장이 열광할 때, 조용히 하락 신호가 포착된 것입니다. 만약 이 신호를 매도 기회로 삼아 "가즈아!"를 외치는 대신 차분히 매도 준비를 시작했다면 어땠을까요?

이후 전세수급지수는 소폭 반등하기도 했지만, 결국 마지막으로 강력한 경고 신호를 보냅니다. 바로 2021년 9월, 서울 전세수급지수가 167.7을 기록하며 전월 대비 9.3 하락하는 상당히 큰 조정이 나왔습니다. 이후 서울 아파트 매매실거래지수를 살펴보겠습니다.

전세수급지수가 하락으로 돌아선 지 2개월 뒤인 2021년 11월, 서울 아파트 실거래지수는 186.6을 기록합니다. 이는 전월 대비 하락한 것으로, 변곡점이 도래했음을 의미합니다. 이후 2022년 12월, 서울 아파트 매매실거래지수는 143.3까지 떨어지며 본격적인 하락장이 펼쳐졌습니다.

2022년, 서울 부동산 폭락장을 앞두고도 전세수급지수는 어김없이 먼저 움직이며, 우리에게 신호를 보내고 있었습니다. 이는 부산 부동산 시장과 마찬가지로, 전세수급지수가 매매 가

격의 길잡이 역할을 했음을 다시 한번 확인할 수 있는 부분입
니다.

2)
로열 매물은
공시가격으로
판단하라

저는 아내와 함께 종종 임장을 다니곤 합니다. 부동산에 크게 관심이 없는 아내는 특별히 좋아하는 것 같지는 않지만, 그렇다고 불편해하지도 않습니다. 다만, 아파트를 구경하는 것보다는 새로운 곳을 둘러보고, 저와 함께 시간을 보내는 데서 더 큰 즐거움을 찾는 듯합니다. 저 역시 커피 한잔을 들고 오랜 시간 걸으면 운동도 되고, 임장 후 맛집에서 즐기는 한 끼 식사는 또 다른 재미이기도 합니다. 임장은 단순히 부동산을 둘러보는 데서 그치는 게 아니라, 그 지역의 분위기와 흐름을 직접 체감하는 과정이니까요.

참고로 "부동산 실력은 내가 아는 아파트 개수에 비례한다."
가 저의 투자 철학입니다. 머릿속에 저장된 아파트가 많을수록
비교할 수 있는 기준이 늘어나고, 자연스럽게 시세 흐름을 파악
하기 쉬워지는 덕분입니다.

2024년 여름, 부산의 한 신축 아파트에 임장을 간 적이 있
습니다. 약 1만 세대 규모의 신축이 순차적으로 입주하면서 새
로운 밀집 주거 지역으로 주목받고 있는 곳이었습니다. 최근 신
축 아파트들은 데크 형식으로 많이 조성되는데, 데크 구조가 꼭
나쁘다고 할 수는 없지만, 이 단지는 주요 시설과 접근성이 떨
어지는 위쪽 데크에 세대 수가 적게 배치되어 있었습니다. 입구
에서 멀고, 커뮤니티 시설과의 동선도 불편했으며, 이동을 위해
서는 엘리베이터를 이용해야 하는 구조였습니다. 물론, 조용한
환경을 선호하는 사람도 있겠지만, 일반적으로 수요가 높은 타
입은 아니라는 생각이 들었습니다.

그렇게 단지를 한 바퀴 둘러본 후, 시세와 분위기를 알아보
기 위해 인근 공인중개사무소를 찾았습니다. 신축 단지답게 주
변 상가에는 이제 막 개업한 공인중개사무소가 가득했는데, 저
희 부부가 방문한 곳의 소장은 다행히 해당 아파트의 분위기와
매물을 친절하게 설명해 주었습니다. 그때 추천받은 매물이 지

금도 기억에 남습니다. 바로 위쪽 데크에 위치한 세대였습니다. 가격이 충분히 저렴하다면 매수를 고려해볼 수도 있었겠지만, 제시된 가격은 전혀 매력적으로 다가오지 않았습니다. 그러나 소장은 "그 세대는 조용하고 살기 좋아 찾는 분이 많습니다. 지금 나온 매물은 가격이 괜찮아 매수하면 좋은 기회가 될 겁니다."라며 강력하게 권했습니다.

저는 내심 놀랐습니다. 제가 봤을 때 수요가 적어 보이는 세대를 로열층처럼 포장해서 설명하고 있었기 때문입니다. 만약 부동산 시장에 익숙하지 않은 매수자가 이 말을 그대로 믿고 계약을 진행했다면, 좋은 매물을 구했다고 생각했을지도 모릅니다. 하지만 실상은 다릅니다. 부동산은 주관적인 판단이 개입될 여지가 많아서 객관적인 데이터가 뒷받침되지 않으면, 정확한 판단을 내리기 어렵습니다. 그렇기에 감이 아니라 숫자로 물건을 판단해야 합니다. 그리고 그럴 때 유용한 지표가 바로 공시지가입니다.

공시지가는 국토교통부가 조사 및 평가해 공시하는 표준지의 단위 면적당 가격입니다. 즉, 정부가 인정하는 공식적인 땅값 기준이라서 단지 내에서 어떤 동과 층이 더 가치 있는지를 가늠하는 데 매우 유용합니다. 따라서 공시지가를 비교해 보면,

단지 내에서 어떤 매물이 상대적으로 더 높은 평가를 받고 있는지 쉽게 알 수 있습니다. 그러니 매수를 고려하는 물건이 있다면, 공시지가를 비교해 보는 것만으로도 많은 정보를 얻을 수 있습니다. 그리고 공시지가가 높은 매물이 진짜 로열 매물입니다. 명심하세요. 단순히 부동산 중개업자의 말만 믿고 매수 결정을 내리기보다는 객관적인 숫자로 직접 판단하는 것이 중요합니다.

그렇다면 이러한 공시지가는 어떻게 확인하는 걸까요? 네이버 부동산을 통해 간편하게 확인할 수 있습니다. 검색창에 단지를 입력하면, 각 동과 층별 공시지가를 쉽게 조회할 수 있습니다. 만일 네이버 부동산에 공시지가 정보가 등록되어 있지 않다면, '부동산 공시가격 알리미' 사이트에서도 확인이 가능합니다.

다음 이미지는 부산의 한 아파트를 검색했을 때 나타나는 화면입니다. 우측 상단의 '동호수/공시가격'이라는 항목을 클릭하면 각 동·층별 공시가격이 표시되며, 이를 통해 본인이 관심 있는 매물과 다른 매물들의 가격을 비교할 수 있습니다. 또 이 내용을 참고하면, 부동산 시장에서 흔히 벌어지는 말장난에 휘둘리지 않고, 합리적인 결정을 내릴 수 있습니다.

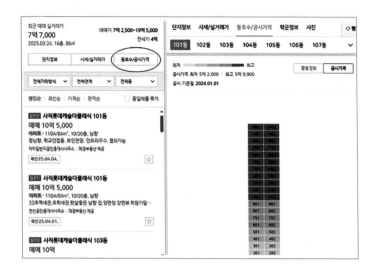

    결국, 부동산에서 중요한 것은 정보력입니다. 특히나 가격이 크고 리스크가 높은 시장에서는 아는 것이 곧 돈이며, 수익입니다. 매수자가 똑똑해지면, 잘못된 정보를 기반으로 한 불리한 거래를 피할 수 있습니다. 부디 감이 아니라 데이터로 판단하여, 좋은 매물을 손에 쥐길 바랍니다.

3)
거래량에
해답이 있다

부동산 전문가들은 저마다 신뢰하는 지표가 있습니다. 누군가는 소득 대비 집값을 나타내는 PIR을, 또 누군가는 주택구입 부담지수를, 혹은 통화량이나 전세가율을 가장 중요한 기준으로 삼습니다. 하지만 모든 지표의 결과는 결국 매매 거래량으로 귀결됩니다. 즉, 매매 거래량만 제대로 파악해도 현재 부동산 시장의 흐름을 읽을 수 있고, 바닥 신호나 고점 신호를 미리 감지할 수 있죠. 그렇다면 매매 거래량에서 주목해야 할 핵심은 무엇일까요?

첫째, 일평균 거래량과 월평균 거래량을 확인해야 합니다. 저는 아침에 일어나면 가장 먼저 실거래 가격과 당일 매매 및 전세 거래량을 확인합니다. 매일 실거래 가격을 꾸준히 체크하면, 주요 아파트들의 가격 흐름이 자연스럽게 눈에 들어옵니다. 별도로 데이터를 정리하지 않아도 상승과 하락의 흐름을 감지할 수 있죠. 이는 제가 부동산 공부를 시작할 때부터 지금까지 변함없이 유지하는 습관입니다. 이 습관이 얼마나 중요한지는 직접 경험해 보면 알 수 있습니다. 하루 5분만 투자해도 3개월이면 관심 지역의 대표 아파트 시세 흐름이 눈에 들어오기 시작하니까요. 저는 '아파트me' 사이트를 주로 활용하는데, 이곳에서 매일 매매·전세 거래량을 확인하고, 실거래 가격을 점검합니다.

부산을 예로 들어볼까요? 2012년부터 2024년까지 부산 아파트 매매 월평균 거래량은 약 3,150건이었습니다. 따라서 한 달 거래량이 3,150건을 넘으면 시장이 활발한 상태, 그보다 적으면 거래가 위축된 상태라고 볼 수 있지요. 2024년 11월의 부산 아파트 매매 거래량이 2,139건이었으니 평균을 크게 하회합니다. 즉, 부산 부동산 시장이 매매보다 전·월세 거래가 더 활발한 '전세 우위 시장'임을 의미합니다.

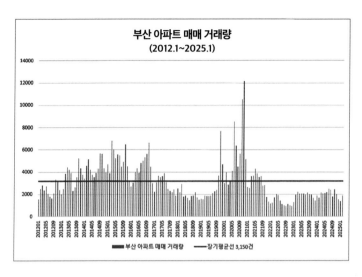

부산 아파트 매매 거래량
(2012.1~2025.1)

■ 부산 아파트 매매 거래량　— 장기평균선 3,150건

출처: 손품왕

전세 거래량도 살펴봅시다. 2012년부터 2024년까지 부산
의 월평균 전세 거래량은 약 2,000건이었습니다. 2024년 11월
의 부산 아파트 전세 거래량이 2,612건이니 월평균을 크게 초
과합니다. 결국, 매매보다는 전세 수요가 더 많다는 뜻입니다.
이렇게 사람들이 매매보다 전세를 선호하면 매매 거래량이 줄
고, 반대로 매매가 활발해지면 전세 거래량이 감소하는 경향이
있습니다. 이를 근거로 현재 부산의 부동산 시장을 바라보면,
전세 거래량이 증가하고, 매매 거래량이 감소하는 전·월세 우
위 시장임이 명확히 드러납니다.

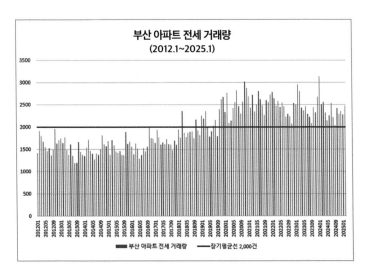

부산 아파트 전세 거래량
(2012.1~2025.1)

■ 부산 아파트 전세 거래량　──장기평균선 2,000건

출처: 손품왕

일평균 거래량 점검도 빼놓을 수 없습니다. 부산 아파트의
경우 월 3,150건을 20영업일로 나누면, 하루 평균 매매 거래량
은 약 160건입니다. 그래서 하루 매매 거래량이 160건 이상이
면 평균보다 활발한 시장이고, 160건 이하라면 위축된 시장으
로 볼 수 있습니다. 매일 아침 매매 거래량을 확인하는 이유가
바로 여기에 있습니다.

전세 거래량도 마찬가지입니다. 부산의 일평균 전세 거래
량은 100건인데, 하루 100건 이상이면 전세 시장이 활발한 날,
100건 이하면 상대적으로 매매 시장이 강세인 날로 볼 수 있습

니다. 이런 흐름을 꾸준히 체크하면, 부동산 시장의 방향성을 쉽게 파악할 수 있습니다.

관심 지역의 10년 치 매매 및 전세 월평균 거래량도 찾아봅시다. 이 수치를 20으로 나누면 일평균 거래량이 나오는데, 이 숫자를 기억하는 게 중요합니다. 그리고 매일 아침 아파트me 사이트에 접속해 거래량을 확인하면서 현재 시장이 매매 우위인지, 전·월세 우위인지 파악하는 습관을 들여 보세요. 이를 통해 월말에 월평균 거래량과 비교해 시장 분위기를 점검할 수 있습니다.

아래 이미지는 아파트me 사이트에서 일별 실거래를 확인하는 페이지입니다. 지역별로 정리된 데이터를 매일 체크하면, 부동산 시장 분위기를 파악하는 데 큰 도움이 될 것입니다.

서두에 말했듯 많은 부동산 전문가는 다양한 지표를 근거로 삼습니다. 하지만 모든 지표의 결과치는 바로 매매 거래량입니다. 이 매매 거래량을 지역별로 면밀하게 분석하는 것이 중요합니다. 그러니 반드시 이 말을 기억하시길 바랍니다. "거래량이 바닥이면, 시세도 바닥이다."

지금까지 월·일 평균 거래량을 보며 현재 부동산 분위기를 파악하는 방법을 살펴보았습니다. 매일 아침 실거래 가격과 매매 거래량과 전세 거래량을 확인하는 것은 아주 큰 도움이 되는 습관입니다. 여러 번 얘기했지만, 제가 부동산을 처음 공부할 때부터 지금까지 이어오고 있는 루틴입니다. 분명 당신에게도 큰 도움이 되리라 믿습니다.

대한민국 부동산 시장에 있어 역대급 고점 구간이었던 2022년, 전국 아파트 매매 거래량은 총 25.8만 호였습니다. 즉, 25.8만 건의 거래가 고점에 물린 거래였지요. 말 그대로 대한민국 부동산 시장의 큰 암흑기였습니다. 앞서 부동산 매수는 나와 내 가족의 행복을 건 백병전이라는 말을 언급했습니다. 한 번의 전투 패배가 회복할 수 없는 큰 내상을 입을 수 있다는 뜻입니다. 어쩌면 25.8만 건의 거래 중 일부는 이에 해당할지도 모르겠습니다. 이것이 부동산을 공부해야 할 의무입니다. 나와 내가 사랑하는 가족을 위해서 말이죠. 그것이 가장 또는 아내의 중요한 역할 중 하나입니다.

내 인생에 있어 언젠가 부동산을 매수하는 날이 옵니다. 매매 거래량의 정도만 파악할 수 있어도 고점에 물리는 불상사는 일어나지 않을 수 있습니다. 다가올 미래의 25.8만 명이 당신이 되지 않길 바랍니다. 한번 더 강조합니다. "거래량이 바닥이면, 시세 또한 바닥입니다."

둘째, 서울의 매매 거래량으로 분석해 봐야 합니다. 이 기준에 대입해 서울 아파트 매매 거래량을 분석해 보도록 하겠습니다. 2010년 1월부터 2024년 11월까지 서울 아파트 매매 거래량과 매매실거래지수를 멀티 차트로 표현해 보았습니다. 막대 그래프는 서울 아파트 매매 거래량을, 꺾은선그래프는 서울 아파트 매매 실거래지수를, 일자형으로 표현된 그래프는 매매 거래량의 평균치인 5,266을 나타내었습니다. 얼핏 보기에 조금은 가독성이 좋지 않습니다만, 천천히 읽으면서 따라온다면 충분히 이해할 수 있는 쉬운 내용입니다.

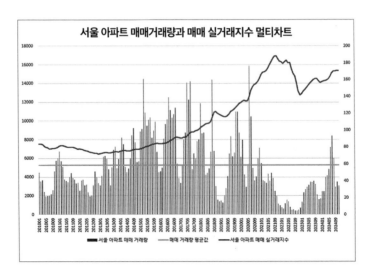

서울 아파트 매매거래량과 매매 실거래지수 멀티차트

■ 서울 아파트 매매 거래량　── 매매 거래량 평균값　── 서울 아파트 매매 실거래지수

출처: 손품왕

이 그래프에는 세 가지 특징이 나타납니다. 그 첫 번째는, 매매 거래량이 상승하면 가격 또한 상승한다는 것입니다. 매매 거래량이 바닥을 찍고 반등하는 시점이 좋은 매수 타이밍입니다. 2019년 그래프를 보면, 2월의 서울 아파트 매매 거래량이 1,265건입니다. 이후 3월에는 2,060건, 4월에는 2,808건, 5월에는 4,103건을 기록하며 바닥 구간을 지나 매매 거래량이 상승합니다. 이후 꺾은선그래프로 표현된 서울 아파트 매매실거래지수를 보면, 2019년 5월에 본격적인 큰 상승장이 시작되었음을 확인할 수 있습니다. 한마디로 이때가 매수 타이밍이었습니다. 다시 2013년 시장을 살펴볼까요? 2013년 1월의 서

140

울 아파트 매매 거래량은 총 3,130건이었습니다. 이후 2월에는 4,143건, 3월에는 6,178건, 4월에는 6,283건을 기록하며 매매 거래량이 본격적으로 올라옵니다. 여기서 서울 아파트 매매실 거래지수를 확인하면, 2012년 12월에 서울 아파트 매매실거래 지수 72를 기록한 후 꾸준하게 상승장으로 접어든 것으로 나타 납니다. 2013년 역시 서울 아파트 매매 거래량이 바닥 구간을 형성한 후 반등한 매수 타이밍이었던 것이죠.

가장 최근인 2022년 시장을 살펴보겠습니다. 서울 아파트 매매 거래량이 역대 최저의 시기를 기록한 구간입니다. 즉, 거 래량이 바닥이면 시세도 바닥이므로, 이때가 가장 큰 매수 기 회였습니다. 실제로 2022년 10월, 서울 아파트 매매 거래량 은 422건까지 하락합니다. 이후 11월에는 496건, 12월에는 701건, 2023년 1월에는 1,346건을 기록하며 매매 거래량이 반 등을 합니다. 이러한 바닥을 형성한 후, 매매 거래량이 반등하 는 시점을 확인하고, 2023년 상반기에 매수했다면 당신의 자 산은 크게 달라졌을 것입니다. 다시 말해, 기본적인 매매 거래 량의 반등 구간을 인지할 수만 있어도 부동산 시장의 저점을 잡 을 수 있습니다. 물론, 시장 공포가 극에 달한 매매 거래량 바닥 시기라 매수할 수 있는 용기가 필요하겠지요. 그런데 매매 거래 량이 큰 폭으로 반등한 후 추격 매수를 하는 사람도 많습니다.

매매 거래량이 바닥 구간을 형성한 후 반등을 시작해 그 추이가 3개월 정도 이어진다면 매수를 고려해도 충분한 시점입니다.

두 번째는, 매매 거래량이 평균치를 상회하면 대세 상승 구간으로 해석할 수 있다는 점입니다. 다시 한번 그래프를 살펴보시길 바랍니다. 일자형으로 표현된 그래프는 2001년 1월부터 2024년 11월까지 약 15년간 서울 아파트 매매 거래량의 평균치인 5,266건을 나타낸 것입니다. 이 구간을 넘어선 매매 거래량이 등록되면, 본격적인 대세 상승장이 시작되었음을 알리는 신호입니다. 그런데 2013년 2월의 서울 아파트 매매 거래량은 4,143건입니다. 서울 아파트 매매 거래량 평균치에 살짝 부족한 수치입니다. 이로부터 한 달 뒤인 2013년 3월에 서울 아파트 매매 거래량이 6,178건 등록되며 중간 매매 거래량이 하락한 시점도 있지만, 꾸준하게 평균치를 넘어서는 것을 확인할 수 있습니다. 또 2013년 이후, 꺾은선그래프를 바탕으로 서울 아파트 매매실거래지수를 살펴보면, 꾸준하게 우상향합니다. 즉, 평균 매매 거래량을 초과하는 구간을 매수 타이밍으로 고려하는 것도 좋은 전략입니다.

이제 2021년 상반기 시장을 둘러보겠습니다. 2021년 1월, 서울 아파트 매매 거래량은 5,476건입니다. 이는 전달인

2020년 12월의 7,151건과 비교했을 때 큰 폭으로 하락한 수치이며, 서울 아파트 매매 거래량 평균치를 하회한 거래량이 본격적으로 등록된 시점입니다. 2021년 하반기 서울 아파트 가격의 폭락은 우리 모두가 최근 경험한 일입니다. 2021년 상반기, 평균 매매 거래량을 하회하는 수치가 본격적으로 등록되기 시작한 시점에 매도를 고려했다면, 폭락장을 벗어날 수 있었을 것입니다. 이처럼 약 15년간의 매매 거래량 평균을 기준으로 대세 상승장을 예측하고, 매수 타이밍을 설정할 수 있습니다. 반대로 매매 거래량이 평균치를 밑돌기 시작하면, 매도 타이밍을 고려할 수 있습니다. 그러니 관심 지역의 약 15년간 매매 거래량 평균치를 확인한 다음, 최근 1년간의 매매 거래량과 비교해 그 추이를 살펴본다면, 현재 관심을 둔 지역의 부동산 시장 상황을 이해하는 데 큰 도움이 되리라 확신합니다.

세 번째는, 매매 거래량을 보면 저점 매수가 가능하다는 사실입니다. 만일 서울 아파트 매매 거래량이 꾸준히 높은 수준을 유지하다가 5,000건 이하로 떨어진다면, 매도 타이밍을 고려해 보시길 바랍니다. 다만, 실거주 목적의 1주택자는 이 기준을 적용하기 어려울 수도 있습니다. 아파트는 장기 보유 시 수익률이 가장 크기 때문입니다. 대신 투자를 염두에 두고 있다면, 서울 아파트 매매 거래량 5,000건이 무너질 때가 매도를 고려할 시기입니다. 또한 서울 아파트 매매 거래량이 꾸준하게 하락하다가 2,000건 즈음을 형성한다면, 이는 서울 부동산 시장이 공포에 달했다는 증거입니다. 그야말로 절호의 매수 기회입니다. 2012년 7월의 서울 아파트 매매 거래량이 1,950건입니다. 시장 심리가 극도로 위축된 시기였습니다. 이후 서울 부동산 시장은 2013년부터 2018년까지 5년간의 대세 상승 구간에 진입합니다.

2018년 시장도 살펴봅시다. 2018년 11월, 서울 아파트 매매 거래량이 1,552건을 기록합니다. 이는 전달인 2018년 10월의 3,031건 대비 큰 폭으로 하락한 수치입니다. 2,000건이 무너진 구간입니다. 2018년 서울 부동산 시장은 초과이익환수제의 부활과 8·27대책, 9·13대책, 9·21대책 등 연이은 부동산 규제로 단기 조정을 받았습니다. 이런 구간에 매매 거래량이 하락하면, 가격도 동반 하락합니다. 즉, 매매 거래량이 2,000건 이하로 떨어지면, 좋은 매수 타이밍이라는 뜻입니다. 만약 서울 부동산 2,000건의 공식을 신뢰하고 매수했다면, 2019년 서울 부동산 폭등 장의 수익은 고스란히 당신 몫이었습니다. 따라서 서울 아파트 매매 거래량이 2,000건 이하로 떨어지기 시작하면, 이는 공포 구간으로 매수를 고려해야 하는 시점입니다. 이 점을 기억해 두세요.

마지막으로 서울과 동일한 방법으로 부산 아파트 매매 거래량을 분석해 보겠습니다. 아래 그래프는 2010년 1월부터 2024년 11월까지 부산 아파트 매매 거래량과 매매실거래지수입니다. 막대그래프는 부산 아파트 매매 거래량을, 꺾은선그래프는 부산 아파트 매매실거래지수를, 일자형으로 표현된 그래프는 매매 거래량의 평균치인 3,359를 나타내었습니다.

서울과 마찬가지로 부산에서도 매매 거래량이 상승하기 시작하면, 가격이 동반 상승하는 경향을 보입니다. 매매 거래량이 바닥을 형성한 후 반등하는 시점이 좋은 매수 타이밍이라는 점

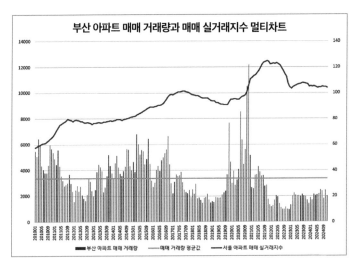

부산 아파트 매매 거래량과 매매 실거래지수 멀티차트

출처: 손품왕

도 동일합니다. 이러한 흐름은 2012·2019·2023년에 나타났습니다.

2012년 상황을 살펴보겠습니다. 2012년 1월, 부산 아파트 매매 거래량이 1,560건을 기록하면서 바닥 구간을 형성한 후, 등락을 거듭하며 매매 거래량이 상승한 것을 통해 알 수 있습니다. 이후 2013년부터 부산 부동산 시장은 2017년 조정 지역 지정 전까지 장기간 대세 상승을 이어갔습니다. 이에 따라 매매 거래량이 바닥을 형성하고, 반등을 시작한 2012년이 매수 적기였습니다. 이후 단기적인 조정을 거친 뒤, 2018년 7월에 다시 한번 매수 기회가 찾아왔습니다. 2018년 7월, 부산 아파트 매매 거래량 1,470건을 시작으로 8월 1,855건, 9월 1,904건, 10월 2,169건을 기록하며, 매매 거래량이 올라오는 것을 확인할 수 있습니다. 이 시기는 시장에 공포 심리가 극대화된 매수 타이밍이었습니다. 만약 2018년 매매 거래량이 상승세로 전환된 변곡점을 매수 신호로 삼았다면, 2019년부터 시작된 폭등장의 수익은 온전히 당신의 것이 되었을 것입니다.

이번에는 2022년 시장을 살펴보겠습니다. 2022년 12월, 부산 아파트 매매 거래량은 948건입니다. 역대 최저 수준의 매매 거래량이 기록된 시점이었습니다. 이는 역대급 매수 타이밍이 찾아왔음을 의미합니다. 이후 2023년 1월, 부산 아파트 매매 거래량이 1,292건을 기록한 뒤 2월 1,993건, 3월 2,243건으로 증가하며 저점 구간을 통과했습니다. 2023년 1월, 특례보금자리론 시행 이후 전국 부동산 시장이 6개월간의 폭락장을 끝내고, 상급지를 중심으로 반등하기 시작한 것을 기억하실 겁니다. 이 구간에서도 매매 거래량은 우리에게 중요한 힌트를 제공했습니다.

부산 역시 매매 거래량이 평균치를 꾸준히 상회하면, 매매가 상승의 동력이 될 수 있습니다. 2010년 1월부터 2024년 11월까지 약 15년간의 부산 아파트 매매 거래량 월평균치는 3,359건입니다. 만약 이 거래량을 상회하는 월 거래량이 꾸준하게 등록된다면, 대세 상승장에 진입했을 가능성이 있습니다. 그래프로 다시 돌아가 보겠습니다. 일자형 그래프는 부산 아파트 매매 거래량 월평균치 3,359건을 나타낸 것입니다. 이 선을 넘어 월 매매 거래량이 증가한 시기를 살펴보면, 2010~2011년, 2013~2016년, 2019~2021년입니다. 이 구간의 부산 아파트 매매실거래지수인 꺾은선그래프를 확인하면, 꾸준하게 시세가 우상향하는 것을 알 수 있습니다. 그때가 대세 상승장입니다.

이 글을 적고 있는 2025년 1월, 부산 아파트 매매 거래량은 2,000건을 살짝 웃도는 수준입니다. 이 2,000여 건의 매매 거래량은 월평균 매매 거래량 3,359건보다 하회하는 수준입니다. 상급지 혹은 인기 단지 위주로 가격은 상승했으나 상승보다는 거래량 감소가 두드러지며, 시장 전망도 밝지 않은 상황입니다. 여전히 박스권 시장인 셈입니다. 만약 부산 부동산 시장에 있어 매매 거래량이 꾸준하게 올라와 월평균 매매 거래량 3,359건을 상회하는 거래량이 지속적으로 등록된다면, 중하급지 또한 시세가 오르는 대세 상승장일 가능성이 높습니다. 이처럼 지역별 매매 거래량의 월평균치를 분석하면, 현재 부동산 시장 분위기를 쉽게 파악할 수 있습니다.

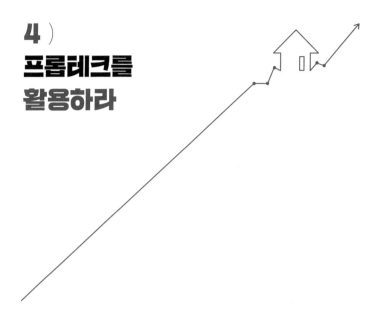

4

프롭테크를
활용하라

10년 전만 해도 부동산 정보를 얻는 건 결코 쉬운 일이 아니었습니다. 관련 서적이 있었지만, 대부분의 내용이 추상적이어서 매수·매도조차 명확한 해답을 제시하기에는 역부족이었죠. 그저 TV 뉴스를 통해 부동산 분위기를 접하는 것이 우리가 얻을 수 있는 유일한 정보였습니다. 게다가 부동산 강의는 활성화되지 않았고, 주요 지표들도 소수만이 접근할 수 있었습니다. 당연히 체계적인 분석법을 제시해 줄 전문가도 없었습니다. 그야말로 부동산 투자는 정보가 있는 소수의 전유물이었습니다. 그들은 실력과 상관없이 막대한 부를 축적했으며, 단지 집을 소유하고 있는 것만으로도 돈을 벌었습니다.

그러나 시대가 바뀌었습니다. 유튜브에서 '부동산 전망'을
검색하면 하루에도 수백 개의 영상이 쏟아지는 세상입니다. 수
많은 전문가가 각자의 분석과 의견을 내놓고 있으며, 이는 시간
과 장소에 구애받지 않고 그 정보를 무료로 접할 수 있습니다.
여러 플랫폼에서도 뛰어난 콘텐츠가 넘쳐납니다. 일명 '재야의
고수'들이 자신만의 분석법을 공유하며, 이미 무수한 팬층을 형
성하고 있고, 그들의 영향력은 우리가 상상하는 그 이상입니다.

너무나 좋은 세상입니다. 공부하기에 최적의 환경이 마련되
었으니까요. 수많은 전문가의 의견을 듣고, 글을 읽으며, 나만
의 인사이트를 재정립할 수 있습니다. 물론, 방대한 정보가 쏟
아지는 만큼 빠르게 휘발되기도 합니다. 특히, 부동산을 처음
공부하는 사람들이 전문가의 분석을 제대로 이해하거나, 동일
한 시각으로 전망하는 것은 쉽지 않습니다. 하지만 우리는 '부
동산 프롭테크'라는 강력한 도구를 활용할 수 있습니다. 그중에
서도 제가 유용하게 사용하고 있는 '아실'을 활용한 분석법 몇
가지를 소개해 보려 합니다.

① 전세 매물 수와 추이 확인하기

위의 이미지는 매물 증감을 클릭하면 나오는 첫 화면입니다. 서울로 기본 설정되어 있으니, 관심 있는 지역을 상단에서 찾아 클릭하면 됩니다. 그 후, '일별 매물 현황'을 클릭해 구체적인 데이터를 확인해 보세요.

전국 **서울** 경기 부산 대구 인천

■ 매매 ■ 전세 ■ 월세 　증가순△ 감소순▽

2025년 1월 23일 기준

날짜선택 　10일전 　1일전 　2일전 　3일전 　5일전

시도 　**시구군** 　읍면동

1위 **서울 금천구** 읍면동 비교 ▶ 　　　　-3.6%
　일별 매물현황 　　　　　　　　1,788건 > 1,724건

2위 **서울 구로구** 읍면동 비교 ▶ 　　　　-2.0%
　일별 매물현황 　　　　　　　　4,730건 > 4,640건

3위 **서울 송파구** 읍면동 비교 ▶ 　　　　-1.1%
　일별 매물현황 　　　　　　　　11,493건 > 11,373건

4위 **서울 강북구** 읍면동 비교 ▶ 　　　　-0.6%
　일별 매물현황 　　　　　　　　2,047건 > 2,036건

5위 **서울 용산구** 읍면동 비교 ▶ 　　　　-0.5%
　일별 매물현황 　　　　　　　　3,232건 > 3,216건

6위 **서울 서대문구** 읍면동 비교 ▶ 　　　　0%
　일별 매물현황 　　　　　　　　3,914건 > 3,914건

7위 **서울 동작구** 읍면동 비교 ▶ 　　　　0%
　일별 매물현황 　　　　　　　　4,521건 > 4,521건

일별 매물 현황에 들어가면, 재선택을 통해 해당 지역뿐만 아니라 구별 매물 현황과 추이 그리고 내가 관심 있는 단지의 매물 현황과 추이도 볼 수 있습니다.

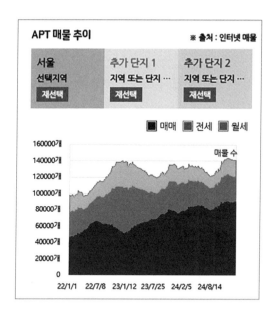

그럼, 매물 증감을 통해 부동산 시장을 어떻게 분석할 수 있을까요? 전세 매물의 추이를 유심히 살펴보세요. 일반적으로 전세 매물의 증가가 부동산 하락의 신호라고 주장하는 사람들이 있습니다. 매매 매물이 증가하는 것이 하락의 전조라고 하지만, 이는 반은 맞고 반은 틀린 말입니다. 초반부에서도 설명했듯이, 지역별 매매 매물의 수가 증가한다고 해서 매매 가격이 반드시 하락한다는 주장은 신뢰성이 낮습니다. 그 이유는 매매 매물의 총합이 증가해도 내가 관심 있는 단지의 매매 매물 추이는 오히려 감소할 수도 있기 때문입니다.

또한, 매매 매물은 전세 매물과 다르게 데드라인이 없습니다. 하지만 전세 매물에서는 데드라인이 존재합니다. 즉, 전세 매물은 일정 시간 내 반드시 계약을 체결해야 하는 물건이므로, 전세 매물이 증가하면, 전셋값은 하락으로 이어질 가능성이 큽니다. 반면, 매매 매물은 데드라인이 없기에 매도자가 급할 이유가 없고, 가격을 낮출 필요도 없습니다. 따라서 우리는 매매 매물의 추이보다 전세 매물의 추이를 더 면밀히 살펴볼 필요가 있습니다.

이쯤에서 부산의 전세 매물 추이를 살펴볼까요? 다음 그래프를 보면 2023년 1월 이후, 부산의 전세 매물이 급감하고 있음을 확인할 수 있습니다. 제가 글을 쓰고 있는 2025년 1월, 부산 아파트의 전세 매물은 거의 없다고 할 정도로 줄어들었습니다. 즉, 2023년 상반기 이후 부산 부동산 시장은 회복기에 접어들었다고 분석할 수 있습니다. 또한, 2023년 상반기부터 전세가율의 반등이 본격적으로 시작되리라고 예측됩니다. 전세 물건이 많이 쌓여 있다가 감소가 시작될 때가 바로 좋은 매수 타이밍입니다.

현재 전세 물건이 매우 부족하고, 그 추이 또한 감소를 지속하고 있어서 전셋값의 강한 반등을 예상할 수 있습니다. 전셋

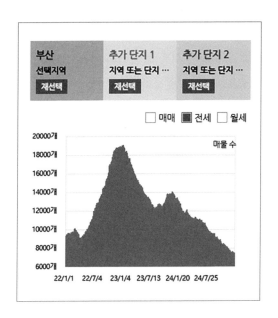

값의 강한 반등은 결국 전세가율을 밀어 올릴 가능성이 높다는 뜻입니다. 실제로 부산 아파트의 전세가율은 2023년 3월에 62.7%를 기록한 이후, 2025년 1월 현재까지 꾸준히 증가하고 있습니다. 이렇게 지역별 전세 물건 추이를 살펴본다면, 해당 지역의 매매 가격 추이도 가늠할 수 있습니다.

② 세대 수 대비 매물 수 확인하기

매물 증감-일별 매물 현황-재선택-해당 지역(시/군/구 선택)-관심 단지 차례로 관심 있는 단지의 매물 현황을 날짜별로 확인할 수 있습니다. 예시로 저는 부산의 사직롯데캐슬더클래식을 살펴보겠습니다. 제가 글을 쓰고 있는 2025년 1월 23일 현재, 사직롯데캐슬더클래식의 매매 매물은 총 31개입니다. 이 아파트는 1,064세대로, 그중 31개가 매물로 나와 있다는 것입니다. 이를 백분율로 계산해 보면, 매물 수는 총 2.9%입니다.

저는 보통 기준점을 5%로 설정합니다. 만약 세대 수 대비 매물 비율이 5% 이하라면, 매도자 우위 시장입니다. 매도자 우위 시장에서는 급매나 가격 협상이 거의 불가능합니다. 호가 그

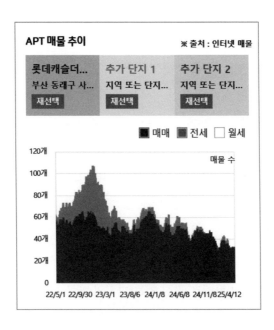

대로 거래가 성사되거나 아주 약간의 가격 조정만이 있을 수 있습니다. 반면, 세대 수 대비 매물 비율이 5%를 초과하면, 매수자 우위 시장이 됩니다. 비율이 커질수록 매수자 우위 시장이 강해지고, 이때는 네고나 급매의 출현을 기대할 수 있습니다.

따라서 사직롯데캐슬더클래식의 경우, 매물 수가 약 2.9%로 매우 낮은 비율입니다. 이를 아실의 매물 증감을 통해 분석해 보면, 매도자 우위 시장으로 판단할 수 있습니다. 다시 말해, 네고나 급매의 출현 가능성은 낮고, 오히려 가격 상승이 될 수 있는 세대 수 대비 매물 비율입니다.

또한 전세와 월세 매물 현황을 살펴보면, 1,064세대 중 전세 매물은 0건, 월세는 1건만 등록되어 있습니다. 이는 매우 강한 전세 강세 시장을 나타냅니다. 만약 전세나 월세 매물이 등록된다면, 계약이 며칠 이내 혹은 하루 만에 이루어질 확률이 높습니다. 이 수치는 전셋값의 강한 상승을 예고하는 신호일 수 있습니다.

여기서 중요한 부분은 절댓값과 추이를 동시에 확인해야 한다는 점입니다. 절댓값도 중요하지만, 더 중요한 것은 매물 증감의 추이 즉, 그 흐름이 어디로 향하는가입니다. 만약 전세 매물이 급감하는 추이를 보인다면, 매매를 고려해 봐야 할 시점일 수 있습니다. 반대로 전세 매물이 급격히 늘어나기 시작하면, 관망세를 유지하는 것도 좋은 전략입니다. 적재된 전세 매물은 전셋값 하락을 초래할 수 있으며, 이는 곧 부동산 수익률에 영향을 미치고, 매매 가격에도 영향을 줄 수 있습니다.

저는 아실의 매물 증감을 통해 부산의 사직롯데캐슬더클래식을 분석해 보았습니다. 당신의 관심 단지는 어디인가요? 저와 같은 방법으로 매물의 절댓값과 추이를 확인해 보면, 많은 도움이 될 것입니다.

③ 매물의 평균치 확인하기

앞서 설명한 세대 수 대비 매물 비율의 공식으로 언급한 5%의 법칙이 반드시 정확한 것은 아닙니다. 또 다른 분석 방법으로는 매매 매물 수의 최대치와 최소치를 비교해 중간 수치를 기준으로 현재 시장 분위기를 판단하는 방법이 있습니다. 동일한 사례로 사직롯데캐슬더클래식을 분석해 보겠습니다.

사직롯데캐슬더클래식의 매매 매물이 최대치로 누적된 구간은 2023년 12월 10일입니다. 그 당시 매물은 총 65개였고, 최저 구간은 2025년 1월 23일로, 매물 수는 31개였습니다. 즉,

사직롯데캐슬더클래식의 매매 중간치는 48개입니다.

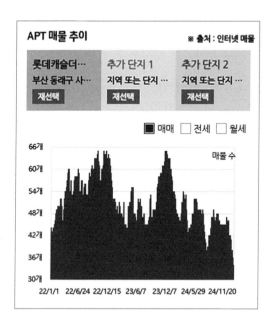

여기서 중요한 점은 매매 매물이 60개를 넘어가면, 사직롯데캐슬더클래식의 공포가 극에 달한 구간으로, 매수 시점으로 볼 수 있다는 것입니다. 반대로 매매 매물 수가 중간치인 48개를 상회하면 매수자 우위 시장일 가능성이 높고, 48개를 하회하면 매도자 우위 시장으로 판단할 수 있습니다.

일반적으로 5% 법칙도 신뢰할 수 있지만, 단지별로 매매 매물의 상단과 하단 평균치를 구해 시장 분위기를 파악하는 것도 유용한 방법 중 하나입니다. 예를 들어, 매매 매물 최대치가 등록된 2023년 하반기의 누적 매매 매물과 최저점을 기록한 구간의 매매 매물 중간치를 계산하면, 평균치를 알 수 있습니다. 이 수치를 참고해 현재 분위기와 비교하면, 매수 타이밍을 잡는 데 도움이 될 수 있습니다. 따라서 매물 수의 변화와 그 평균치를 기준으로 시장 분위기를 세밀하게 분석하면, 매매 시점에 대한 더 정확한 판단을 내릴 수 있습니다.

한편 지역은 정했지만, 향후 시세 차익과 미래 가치를 갖춘 물건을 고르기를 어려워하는 사람이 많습니다. 내가 매수한 물건이 상승장에 접어들었을 때 함께 상승하지 못하고, 그 자리에 머물게 되면 어떻게 될까 하는 고민이죠. 나와 내 가족을 위한 든든한 자산을 마련하고 싶지만, 어떤 물건을 선택해야 할지 망설이는 이들이 나침반을 삼을 만한 방법이 있습니다. 바로 여러 사람이 선택한 단지를 선택하는 것입니다. 한마디로 집단 지성에 의지해 그 흐름에 따라가는 방식입니다. 때로는 나의 판단보다 다수의 판단이 옳은 경우가 많습니다. 아파트 매수 역시 이 방법을 활용하면, 성공적인 매수의 가능성을 높일 수 있습니다. "소수의 엘리트보다 평범한 대중이 더 현명하다."는 말처럼요.

아실의 '많이산단지' 항목은 바로 집단 지성의 결과를 우리에게 보여주고 있습니다. 저는 많이산단지에서 기간을 2024년 1월부터 2025년 1월까지 설정하고, 부산 동래구를 선택해 매매 거래량 순위를 살펴보았습니다. 그 결과, 1위부터 10위까지의 순위는 우리에게 정답을 알려줍니다. 만약 부산 동래구의 아파트를 매수하고자 한다면, 바로 이 10개 단지 중에서 선택하면 됩니다. 나의 판단보다는 집단 지성의 현명함을 믿고 따르는 방법이죠. 1~3위 가운데 선택한다면, 물건을 잘못 선택할 확률은 낮습니다. 심지어 많이산단지에는 분양권 순위도 포함하고 있으니 큰 도움이 됩니다.

부동산 초보자, 일명 '부린이'들이 가장 많이 묻는 말 중 하나는 "어느 아파트를 매수해야 하는가?"입니다. 답은 간단합니다. "사람들이 많이 사는 아파트"입니다. 모든 해답의 비밀은 사실 '클리셰'라는 단어 뒤에 숨어 있습니다. 이는 본래 '인쇄 연판'을 뜻하는 프랑스어에서 유래했으며, 이제는 너무 기초적이고 진부한 표현 또는 설정을 의미합니다. 기초적이고 진부함 속에 진리가 숨어 있다는 거죠. 부동산에서 이 클리셰는 매물 증감입니다. 물건이 줄어들고 늘어남에 따라 우리에게 보여주는 해답이 바로 그것이죠. 너무나 기초적이고, 뻔한 이 매물 증감이라는 클리셰에 집중해야 합니다. 앞서 말씀드렸지만, 일부 하

거래량 순위

출처 : 국토부 실거래 분석

거래 잘되는 아파트가 팔고 싶을 때 팔기도 좋습니다.

부산 ▼	동래구 ▼	읍/면/동 ▼
매매 ▼	거래량 순위 ▼	거래 가격 ▼

24년 ▼ 1월 ▼ 1일 ▼ ~ 25년 ▼ 1월 ▼ 24일 ▼

1위	래미안포레스티지 부산 동래구 온천동	470건
2위	동래래미안아이파크 부산 동래구 온천동	321건
3위	사직쌍용예가 부산 동래구 사직동	122건
4위	명륜2차아이파크1단지 부산 동래구 명륜동	98건
5위	쌍용더플래티넘사직아시아드 부산 동래구 사직동	93건
6위	동래3차SK뷰 부산 동래구 온천동	89건
7위	사직KCC스위첸 부산 동래구 사직동	79건
8위	e편한세상동래명장 부산 동래구 명장동	70건
9위	명륜아이파크1단지 부산 동래구 명륜동	69건
10위	사직하늘채리센티아 부산 동래구 사직동	67건

락을 꾸준하게 주장하는 지역의 총매매 매물을 참고하지 말고, 본인의 관심 단지 매매 매물을 살펴보시길 바랍니다. 총매매 매물과 당신이 관심을 둔 단지의 매매 매물 흐름이 반대로 향하고 있을지도 모릅니다. 그리고 아실의 많이산단지를 통해 관심 지역에서 어느 아파트가 매수자들에게 가장 많은 선택을 받았는지 확인해 보세요. 당신의 고민을 덜어줄 테니까요.

⑤ 외지인 투자 건수 참고하기

부동산 가격은 내 집에 직접 거주하고자 하는 수요인 실수요와 투자 수요인 가수요가 동시에 시장에 진입할 때 본격적으로 움직입니다. 일반적으로 매매 가격 대비 전셋값이 높으면, 실거주 수요와 함께 가수요가 시장에 본격적으로 진입하게 되죠. 이렇게 가수요가 진입하는 시점이 바로 부동산 가격이 움직이기 시작하는 매수 타이밍이 될 수 있습니다. 전세가율을 통해 부동산 진입 타이밍을 잡을 수 있지만, 투자 수요가 본격적으로 시장에 진입하기 시작하면, 직접적인 수치를 판단해 매수 타이밍을 잡을 수 있습니다. 즉, 투자 수요가 본격적으로 들어오기 시작하면, 이는 마치 선수 입장 신호처럼 부동산 상승을 예고하는 신호로 받아들일 수 있습니다.

반대로 선수들이 퇴장하기 시작하면, 가격이 본격적으로 하락할 것을 예측할 수 있습니다. 또 이 내용은 아실의 외지인 투자 항목을 클릭해 지역별 외지인 투자 건수를 확인할 수 있습니다. 이 내용은 외지인 투자-월별 거래 현황-관심 지역 선택을 따라 들어가면 됩니다. 참고로 아실은 서울 외지인과 기타 외지인을 구별해 수치를 제공하고 있는데, 두 그룹은 대체로 동일한 방향으로 움직여서 표본 수가 많은 기타 외지인 데이터를 참고하는 게 더 좋습니다. 또한 '부동산 지인'에서도 외지인 거래 건수를 확인할 수 있는데, 개인적으로 부동산 지인이 아실보다 더 직관적으로 한눈에 확인할 수 있어 유용하다고 생각합니다. 이에 부동산 지인을 통해 2018년부터 2024년 12월까지 부산 기타 외지인 거래 건수를 살펴보겠습니다. 지역/아파트-지역 분석-지역 선택-멀티 차트-매입자 거주지별-지역 외 기타 선택 경로로 들어가면 됩니다.

최근 집계된 2024년 11월의 부산 아파트 외지인 거래 건수는 270건입니다. 이를 비교하기 위해 2020년 상반기 즉, 부동산 시장이 본격적으로 상승장에 진입하기 전의 데이터를 함께 살펴보는 것이 좋습니다. 부산 부동산 시장은 2020년 하반기에 매매 거래량과 가격이 급등하며 상승하기 시작했죠. 서울은 2019년 상반기부터 본격적인 상승장이 시작되었고요. 지역마다 차이가 있지만, 대체로 2019년 혹은 2020년 외지인 거래 건수를 기준으로 현재의 외지인 거래 건수를 비교해 보면, 현재 시장의 수준을 파악할 수 있습니다.

2020년 상반기의 부산 외지인 거래 건수는 약 400~500건입니다. 이를 보면 2019년 혹은 2020년은 '상승장을 위한 태동기'라고 표현할 수 있습니다. 말 그대로 상승장이 본격적으로 시작되기 전 준비가 완료된 시점이죠. 현재 부산의 외지인 거래 건수는 270건으로, 태동기의 400~500건에 한참 미치지 못하는 수준입니다. 그렇기 때문에 상급지나 인기 단지 위주의 반등만 있을 뿐, 나머지 중하급지는 여전히 고전 중입니다. 대

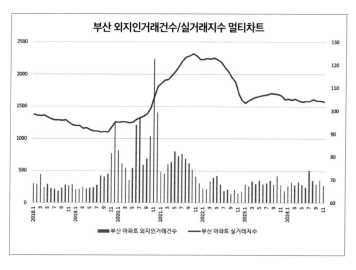

출처: 부동산 지인

세 상승장에 진입하기에는 외지인 거래 건수가 턱없이 부족한 상태입니다. 만약 외지인 거래 건수가 400~500건 정도로 꾸준히 유지된다면, 대세 상승을 기대해 볼 수 있는 수치가 될 것입니다.

반면, 외지인 거래 건수와 매매 거래량이 급락하는 시기는 경고 신호입니다. 2020년 11월의 부산 아파트 외지인 거래 건수는 2,242건, 12월에는 1,404건으로 급감했습니다. 이후 2021년 1월에는 487건, 2월에는 459건으로 급락합니다. 부산의 매매 거래량 역시 급락했죠. 2020년 11월에는 13,166건이었고, 12월에는 5,167건, 1월에는 2,635건으로 떨어졌습니다. 외지인 거래 건수와 매매 거래량이 급락하면, 진입에 신중을 기해야 하는 시점으로, 상투 구간에 도달했을 가능성이 큽니다. 이를 근거로 외지인 거래 건수와 매매 거래량을 하나의 지표로 함께 고려해 시장을 분석하는 방법은 매우 유효합니다.

다음은 서울의 외지인 거래 건수와 실거래 지수의 멀티 차트입니다. 부산과 달리 서울은 2019년 하반기부터 본격적인 대세 상승장이 시작됩니다. 서울은 2020년 하반기부터 급격한 상승이 일어나 부산에 비해 반등 시기가 더 빨랐습니다. 따라서 서울은 2019년 상반기의 외지인 거래 건수를 기준으로 삼는 것이 올바른 분석입니다. 부산은 외지인 거래 건수가 일정 수준 이상으로 올라간 후 가격 상승이 시작되었지만, 서울은 외지인 거래가 증가함과 동시에 가격이 상승했습니다. 서울은 가격 반응이 지방보다 빠르니까요. 2019년 상반기의 서울 아파트 외지인 거래 건수는 평균 532건이었고, 2019년 7월에 1,598건을 시작으로 8월에는 1,705건, 9월에는 1,463건으로 본격적인 상승장에 들어갔습니다. 서울 아파트 외지인 거래 건수가 1,500건을 넘어서기 시작하고, 이 추이가 3개월 이상 지속된다면, 본격적인 대세 상승장에 진입했다고 볼 수 있습니다.

거래량이 바닥을 형성하면 시세도 바닥을 형성한다는 말이

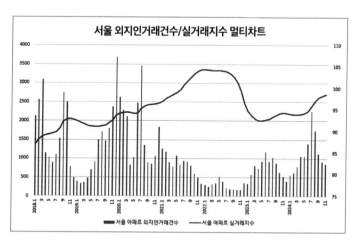

출처: 부동산 지인

있듯이, 외지인 거래 건수도 마찬가지입니다. 매매 거래량과 외지인 거래 건수는 밀접하게 연관되어 있죠. 서울 외지인 거래 건수가 바닥을 형성한 시점은 2019년 2월과 2022년 11월이었습니다. 이 시점에서 외지인 거래 건수가 바닥을 찍고 반등했을 때, 그 뒤에 대세 상승장이 왔다는 것을 알 수 있습니다. 이로써 2019년 2월, 서울 외지인 거래 건수가 바닥을 형성했을 때 매수했다면, 5개월 만에 대세 상승장을 누릴 수 있었습니다. 또 하나의 바닥 구간은 2022년 11월, 서울 아파트 외지인 거래 건수가 168건을 기록했을 때입니다. 이후 2023년 1월, 특례보금자리론 시행 이후 서울 아파트 가격이 급등했죠. 이렇게 외지인 거래 건수와 매매 거래량이 바닥을 형성하고, 반등하는 시점은 매수에 적기입니다.

한편, 외지인 거래 건수가 고점을 찍고 우하향하기 시작하는 구간은 매도 적기입니다. 2021년 하반기 폭락장 때, 서울 외지인 거래 건수가 우하향을 시작한 시점은 2020년 12월이었습니다. 이때 외지인 거래 건수는 1,831건이었고, 이후 1,264건, 1,183건, 905건으로 계속해서 감소했습니다. 이 시점이 매도를 고려해야 하는 타이밍이었습니다. 부동산은 장기적으로 우상향합니다. 영원한 상승도, 하락도 없습니다. 서울 외지인 거래 건수가 우하향을 시작하면서 거래량이 급감하고, 급락장에 접어들었죠. 이후 2023년 하반기에 다시 외지인 거래 건수가 우상향을 시작하며, 매수 기회가 찾아왔습니다.

이렇듯 부동산 시장은 수많은 사이클을 가지고 있으며, 이 사이클이 주는 기회는 많습니다. 실력 있는 투자자라면 하락과 상승의 시기를 정확히 짚어낼 수 있을 것입니다. 다만, 내 집 마련을 원하는 수요자에게는 이러한 짧은 시기를 잡는 것이 쉽지 않기 때문에, 적절한 시기에 매수해 장기간 보유하는 것이 현명한 판단일 수 있습니다. 아파트는 장기 보유가 가장 높은 수익률을 가져오니까요.

⑥ 갭투자 건수 모니터링하기

갭투자란, 시세 차익을 목적으로 주택의 매매 가격과 전세금 간의 차액이 적은 집을 전세로 매입하는 투자 방식입니다. 예를 들어, 매매 가격이 5억 원이고, 전세 시세가 4억이라면, 자기 자본 1억 원을 투입해 집을 구매하는 방법입니다. 즉, 전세를 끼고 집을 산다는 개념이 갭투자의 핵심입니다. 만약 2년간의 전세 계약(현재는 2년+2년, 총 4년 계약 가능)이 만료되면, 전세금을 올리거나 매매 가격이 오른 만큼의 시세 차익을 얻을 수 있는 기회를 가질 수 있죠.

이러한 갭투자는 2013년부터 전국 부동산 시장에서 열풍이 불었습니다. 높아진 전세가율 덕분에 꾸준히 매매 가격이 밀어 올려졌기 때문인데, 소액의 자기 자본으로 매매 가격의 상승분을 고스란히 가져갈 수 있었습니다.

전세를 끼고 집을 사는 행위는 대부분 투자자가 선택하는 방식입니다. 소수는 미리 이사할 집을 전세로 구매하기도 하지만, 대부분은 적은 자기 자본으로 시세 차익을 노리는 갭투자자죠. 만약 이러한 갭투자자들이 대규모로 진입하기 시작한다면, 이는 부동산 시장의 상승 요건을 갖추기 시작했다는 신호로 볼 수 있습니다.

아실에서는 갭투자 건수를 친절하게 알려주고 있으니, 관심 있는 지역의 갭투자 건수를 모니터링 해보시길 바랍니다. 갭투자-상단 관심 지역 선택-월별 거래 현황 순으로 찾아 들어가면 확인할 수 있습니다. 다만, 현재 어떤 이유에서인지 업데이트가 되지 않아 아쉽지만, 여전히 해당 항목은 존재하니 차후 업데이트를 기다려 봐야겠습니다.

⑦ 조회수로 위험 절감하기
조회수는 많이산단지와 함께, 최근 두 달 사이 조회를 가장 많이 한 단지들을 순위별로 나열해 놓은 항목입니다. 인기도-해당 지역 선택 순으로 들어가면 확인할 수 있습니다. 조회수 항목은 최근 사람들의 관심을 끌었던 단지들이 순위대로 나열된 것입니다. 부동산 시장은 흐름이 있기 마련입니다. 그 흐름 속에 있는 순위가 바로 현재의 시장 분위기를 반영한다고 볼 수 있죠. 만약 관심 있는 지역이 있다면, 아실의 조회수 항목에 들어가 반드시 확인해 보길 권합니다.

혹 유심히 모니터링 중인 물건이 상위 순위에 위치한다면, 그 아파트는 분명 수요가 있는 곳일 가능성이 높습니다. 향후 가격 상승을 기대해 볼 수 있는 곳일 수 있죠. 반면에 하위 순위에 위치한 물건이라면, 매수를 다시 한번 생각해 볼 필요가 있습니다. 조회수 순위는 100위까지 확인할 수 있으며, 가능하다면 20위권 내의 아파트를 매수하는 것이 좋습니다.

"투자는 미인대회와 같다."라는 이야기를 많이 들어봤을 겁니다. 경제학자 존 케인스가 남긴 말입니다. 이는 곧 내 눈에 좋은 것이 아니라 대중이 좋아하는 대상을 골라야 한다는 뜻입니다. 그러나 아파트를 매수할 때는 주관적인 의견이 들어가기 마련입니다. 예를 들어, 본인의 주머니 사정을 고려해 하급지의 구축 아파트를 매수하고, 그걸 주관적으로 합리화하는 것이죠.

"이 지역은 호재가 있으니 분명 가격이 오를 거야."라는 식으로 말입니다. 다만 기억해야 할 부분은, 부동산은 교통 호재나 일자리 호재와 같은 굵직한 호재가 아니면 가격이 쉽게 움직이지 않는다는 점입니다. 그러니 생각하고 있는 호재가 과연 굵직한 호재인지, 아니면 실현 가능성이 낮은 호재인지를 잘 판단해 보세요. 대다수의 호재는 실현 가능성이 낮을 수 있습니다. 그렇기 때문에 호재를 보고 매수하는 것보다는 아파트의 사이클을 기준으로 매수 타이밍을 잡는 것이 더 효과적입니다.

모든 투자에서 경계해야 할 점이 있습니다. 바로 확증 편향입니다. 확증 편향이란, 자신의 신념이나 판단에 맞는 정보만 보고, 그 외의 정보는 무시하는 태도를 말합니다. 특히, 부동산 투자에서 확증 편향은 더 큰 위험을 초래할 수 있습니다. 주식과 달리, 부동산은 변수가 적기 때문이죠. 그렇기에 집단 지성에 의지해 물건을 선택한다면 최소한 큰 위험을 피할 수 있습니다.

물론, 매매 거래량은 집단 지성과 반대로 가야 할 때가 많습니다. 거래량이 바닥일 때, 시세 또한 바닥에 있다는 것이죠. 공포와 탐욕이 섞인 거래량은 예외로 두고, 물건을 선택할 때는 미인대회 법칙을 따르는 게 좋습니다. 미인대회 법칙이 바로 아실의 조회수입니다. 최근 2개월 동안 가장 많이 조회된 물건은 대중의 선택을 받은, 마치 미인대회 우승자와 같은 아파트라고 볼 수 있습니다. 간단한 몇 번의 클릭만으로 귀한 정보를 얻을 수 있을 테니 꼭 참고해 보세요.

⑧ 매수 심리 체크하기

매수심리란에서 확인 가능한 주택가격심리지수로 KB부동산 매수우위지표를 나타낸 것입니다. 아실에서는 이 지표를 주간 단위로 제공하지만, 저는 개인적으로 월간 단위의 지표를 확인하는 것을 더 추천합니다. 제 경험에 의하면 주간 단위로 자주 모니터링하다 보면 지표의 등락에 너무 의존하게 되는 경향이 있습니다. 매주 변동하는 지표를 따라가기보다는 한 달 단위로 더 넓은 시각에서 추이를 보는 것이 시장 흐름을 파악하는 데 훨씬 유리하다는 게 제 개인적인 의견입니다. 일주일 단위로 매번 지표를 확인해야 한다는 강박을 버리고, 필요한 순간에 매수 심리의 추이가 상승 추이에 있는지, 하락 추이에 있는지만 살펴보면, 현재 시장 분위기를 파악하는 데 큰 도움이 됩니다.

이보다 더 좋은 방법은 매달 1일에 발표되는 KB부동산의 월간 〈시계열〉 매수우위지표를 확인하는 것입니다. 이 지표는 가격을 예측할 수 있는 중요한 선행지표로 활용될 수 있습니다. 매수우위지수는 0~200 범위 내에서 움직이며, 100을 넘으면

'매수자가 많다.'는 의미이고, 100 미만이면 '매도자가 많다.'는 뜻입니다.

다음 페이지에 수록해 둔 서울 아파트 매매실거래지수와 KB부동산의 매수우위지수를 멀티 차트로 비교해 보았을 때, 두 지표는 비슷한 움직임을 보이며 함께 변동하는 경향을 확인할 수 있었습니다. 예를 들어, 2021년 10월의 서울 아파트 매매 실거래지수가 188.2를 기록하며 버블의 극에 달했던 시점, 매수우위지수는 하락 전환을 시작했습니다. 매수우위지수의 고점은 2021년 8월에 112.1을 기록한 후, 9월에는 106.2, 10월에는 96.5, 11월에는 66.9로 큰 하락을 보였습니다. 즉, 2021년의 경우, 매수우위지수가 2개월 정도 선행하며 움직였음을 알 수 있습니다. 또한, 2020년 하반기의 폭등장에서는 서울 매수우위지수가 132.9까지 상승한 후, 2022년 하반기에는 19.9로 떨어졌습니다. 서울 아파트 매수우위지수는 대체로 130이 최고, 20이 최저로 형성되는데, 만약 매수 우위 지수가 120을 넘어설 경우, 시장의 과열 상태에 주의해야 합니다. 상승장이 과열될수록, 매수 시점에서 리스크가 커지기 때문이죠. 반대로 서울 매수우위지수가 40 이하로 떨어지며 바닥을 향해 간다면, 그 시점은 매수를 준비해야 할 시점입니다. 매도자들이 불안해하며 매물을 급하게 내놓는 공포 구간이 바로 좋은 매수 기회를 제공합니다.

이 공포 구간은 우리에게 항상 좋은 기회를 안겨주었죠.

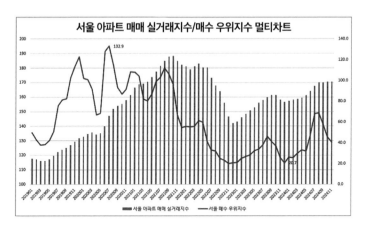

출처: KB부동산, 한국부동산원

　　서울의 매수우위지수가 하락하며, 바닥을 다지고 나서 반등을 시작하는 시점은 매수의 신호로 볼 수 있습니다. 이 구간은 2023년 1월과 2024년 1월에도 확인되었습니다. 2023년 1월은 2022년 하반기 폭락장 이후 특례보금자리론이 시행되면서, 2024년 1월은 신생아 특례대출이 시행되며 반등을 시작했습니다. 두 시점 모두 서울 매수우위지수는 약 20대를 형성하고 있었습니다. 매수 우위 지수가 40 미만으로 내려가는 구간에서는 대개 매매 가격 하락이 동반되므로, 이 시점은 매수 기회가 열리는 구간입니다. 2025년 1월 현재, 서울의 매수우위지수는

35.4로, 2024년 8월 이후 꾸준히 하락 추이를 보이고 있습니다. 만약 이 추이가 계속 이어져 매수우위지수가 20대에 도달한다면, 그 시점은 매수 타이밍으로 고려할 수 있습니다.

아실에서 제공하는 매수 심리인 매수우위지표를 통해 서울 부동산 진입 타이밍을 살펴보았습니다. 지면의 한계로 서울 시장만 분석했지만, 개인적으로 관심 있는 지역도 동일한 방법으로 매수우위지수의 최상방과 최하방 지표 확인을 통해 진입 타이밍을 스스로 파악해 보시길 권장합니다. 이를 실천할 때, 말씀드렸듯이 매주 발표되는 주간 동향보다는 월간 동향을 확인하며, 주간 등락에 따른 혼란을 피하고, 더 명확한 시장 흐름을 읽어가는 습관이 중요합니다.

5)
지금, 전세가율을
모니터링할 때다

일반적으로 2~3년 뒤의 입주 물량은 착공 물량을 통해, 5~7년 뒤의 입주 물량은 인허가 물량을 통해 예측할 수 있습니다. 하지만 인허가 물량이 반드시 예정된 착공 물량으로 이어지지는 않기 때문에, 예측에 한계가 있습니다. 특히, 건설 경기가 침체된 시기에는 그러한 경향이 강합니다. 반면, 착공 물량은 실제로 착공에 들어갔으므로 향후 2~3년 내 입주 물량으로 이어질 가능성이 높습니다. 그러므로 착공 물량을 살펴보는 것은 2~3년 내 단기 물량 부담을 평가하기에 아주 유효한 지표라고 할 수 있습니다.

최근 일부에서는 입주 물량 부족이 아파트 매매 가격 상승과 관련이 없다고도 하는데, 이는 대한민국 대부분 지역에서 향후 예정된 입주 물량이 절벽에 가까운 상황임을 간과한 주장입니다. 단언컨대 입주 물량 부족은 전셋값에 영향을 미치고, 결국 매매 가격 상승으로 이어질 가능성이 큽니다. 그렇다면 입주 물량과 매매 가격 간의 연관성은 과연 없는 것일까요?

다음은 KB부동산에서 공개한 서울 아파트 입주 물량과 서울 아파트 매매 가격 변동률을 나타낸 그래프입니다. 2000~2025년의 서울 아파트 입주 물량의 평균은 약 3.9만 호입니다. 2006~2011년의 서울 아파트 매매 가격은 큰 폭으로 하락했지만, 이때의 입주 물량은 결코 부족한 구간이 아니었습니다. 그러나 2013년부터 서울 아파트 매매 가격은 상승했으며, 이 기간은 입주 물량이 부족했던 구간이었습니다. 그로 인해 이 시기에는 입주 물량 부족이 매매 가격 상승을 이끄는 공식이 잘 맞아떨어졌습니다. 한편, 2019년과 2020년은 서울 아파트 입주 물량이 평균을 초과한 구간이었음에도 불구하고, 가격은 오히려 상승했습니다. 이를 보면, 입주 물량이 반드시 매매 가격에 영향을 미친다고는 할 수 없습니다. 그렇다면 입주 물량과 매매 가격 간의 연관성은 정말로 없는 것일까요?

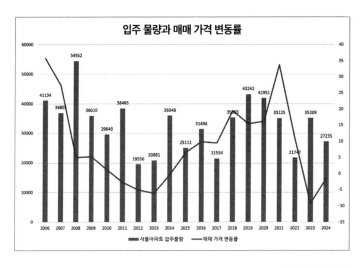

출처: KB부동산

    다른 그래프를 통해 확인해 보겠습니다. 다음은 1992~ 2023년의 부산 아파트 3년 누적 입주 물량과 부산 아파트 매 매 가격 변동률입니다. '3년 누적'이라 함은 3년 동안의 입 주 물량 합계를 나타낸 것입니다. 즉, 2023년의 입주 물량은 2021~2023년의 입주 물량 합계를 의미합니다. 이 그래프를 보 면 중요한 사실을 발견할 수 있습니다. 1년 단위로 입주 물량을 점검하면 연관성을 찾기 어려운 경우가 많지만, 3년이 누적되 면 매매 가격에 큰 영향을 미친다는 점을 알 수 있습니다. 쉽게 말해, 1992~2000년에는 부산 아파트 3년 누적 입주 물량이 많 았던 구간이었고, 이 시기 매매 가격 변동률은 소폭 상승하거나

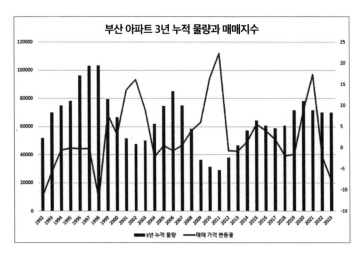

부산 아파트 3년 누적 물량과 매매지수

출처: 손품왕

마이너스에 머물렀습니다. 또 1999~2003년의 입주 물량이 적었던 구간에서는 매매 가격 변동률이 상승했음을 확인할 수 있습니다. 2004~2008년에는 입주 물량이 많았으나, 이 시기 매매 가격 변동률은 소폭 상승하거나 지지부진했습니다. 마지막으로 2009~2012년은 부산 아파트 3년 누적 입주 물량이 매우 적었던 시기로, 이 구간은 매매 가격 변동률이 크게 상승했음을 볼 수 있습니다.

이를 바탕으로 입주 물량이 연평균을 하회하는 수준으로 수년간 지속된다면, 매매 가격에 큰 영향을 미칠 수 있다는 분석을 할 수 있습니다. 따라서 입주 물량을 기반으로 매매 가격을 전망하려면, 1년 단위로만 보는 것이 아니라 최소 3년간의 입주 물량을 예상해야 신뢰성 있는 예측이 가능합니다.

2022년 하반기, 대한민국 부동산 시장이 큰 폭으로 하락했습니다. 그 여파가 현재까지 이어지고 있습니다. 국토교통부에 따르면 2024년에만 3,675건의 건설사 폐업 신고가 있었으며, 2022년 14개, 2023년 21개, 2024년 29개의 건설사가 폐업했다고 발표되었습니다. 이는 건설 사업이 지속적으로 하향 곡선을 그리며, 공급 물량의 절벽을 예고하고 있습니다. 그리하여 최소 5년간 대한민국 부동산 시장은 입주 물량 절벽에 진입할 가능성이 매우 높습니다.

부동산은 희소성의 법칙에 따릅니다. 공급이 부족해지면, 가격은 자연스럽게 상승합니다. 2025년 상반기, 특히 신축 아파트를 중심으로 전셋값이 상승하는 것은 바로 이 법칙이 적용되고 있음을 보여줍니다. 향후 입주 물량 부족은 현실로 다가올 확정적인 미래입니다. 이 영향은 신축 선호 트렌드와 맞물려 신축 아파트 위주로 전셋값 상승을 이끌 가능성이 크다고 판단됩니다.

전셋값 상승이 계속된다면 당연히 전세가율도 상승하고, 이는 매매 가격 상승 압박으로 이어질 확률이 높습니다. 이로써 2025년부터 우리가 가장 중요하게 모니터링해야 할 지표는 바로 임대차 시장, 특히 전세 시장입니다. 관심 있는 지역의 전세가율을 꾸준히 살펴보세요. 그 추이가 상승하는지, 하락하는지, 아니면 정체되고 있는지를 체크해야 합니다. 만약 관심 지역의 전세가율이 장기 평균을 초과하고, 상승 추이를 보이고 있다면, 매매 가격 역시 상승할 가능성이 높다는 신호입니다. 반면, 전세가율이 장기 평균을 하회하지만 상승 추세를 보인다면, 신축과 상급지 위주의 시장이 활발하다는 뜻입니다. 계속해서 전세가율 추이를 면밀히 모니터링하시길 바랍니다.

6) 전세가율과 착공 물량에서 힌트를 얻어라

착공 물량이 감소하면 전셋값 상승으로 이어지고, 결국 매매 가격에도 상승 압력이 가해진다는 점을 앞서 확인했습니다. 여기서 주목해야 할 지표가 하나 더 있습니다. 바로 '전세가율'입니다. 전세가율은 전세 가격이 매매 가격에서 차지하는 비율을 의미하며, 주택의 가치를 판단하는 데 유용한 기준이 됩니다.

참고로 전세가율이 높다는 것은 매매 가격과 전세 가격의 격차가 작다는 의미이며, 이는 주택 가격이 저평가 구간에 있을 가능성이 높다는 신호입니다. 반대로 전세가율이 낮다면 매매 가격과 전세 가격의 괴리가 크다는 뜻이며, 시장이 고평가 구간에 진입했을 가능성이 높습니다. 다만, 전세가율은 아파트와 지역별로 차이가 있으므로 항상 장기평균선을 기준으로 비교해야 합니다.

착공 물량과 전세가율을 함께 살펴봐야 하는 이유는 명확합니다. 착공 물량 감소가 누적되면, 가장 먼저 전셋값 상승을 동반하기 때문입니다. 일정 구간 전세 가격이 오르면, 매매 가격이 반응하는 것이 부동산 시장의 일반적인 움직임입니다. 한마디로 착공 물량 감소로 인해 전세가격이 먼저 움직이면, 전세가율의 상승을 예측할 수 있다는 뜻입니다. 또 착공 물량이 적어 전세가율이 상승하면, 매매 가격과 전세 가격의 괴리가 줄어들어, 고평가 구간에서 저평가 구간으로 본격적인 진입을 시작한다는 뜻으로 해석할 수 있습니다. 그럼, 지역별 전세가율과 착공 물량을 통해 시장의 흐름을 살펴보도록 하겠습니다.

첫 번째 지역은 서울입니다. 2025년 1월, 서울 아파트 전세가율은 54.1%를 기록했습니다. 이는 2010~2025년, 약 15년간 장기평균선인 58.2%보다 낮은 수준입니다. 전세가율이 낮다는 것은 여전히 서울 부동산 시장이 고평가 구간에 있다는 의미입니다. 즉, 매매 가격과 전세 가격의 괴리가 여전히 크며, 시장

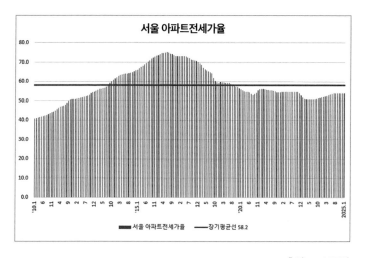

출처: KB부동산

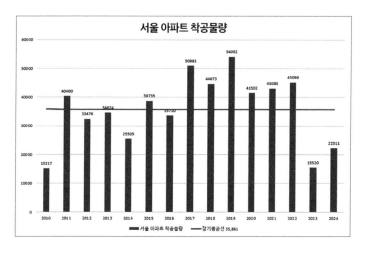

출처: 국토교통부

내 버블이 존재한다는 것입니다.

2024년 한 해 동안 서울 아파트 가격이 크게 상승했지만, 이러한 상승은 탄탄한 전세가율 기반은 아니었습니다. 오히려 일부 버블을 용인하면서 상승세를 이어간 것으로 해석할 수 있습니다. 더불어 2025년 상반기까지 전세가율이 뚜렷한 반등을 보이지 않는다면, 서울 부동산 시장이 당분간 강한 상승을 이어가기는 어려울 가능성이 커 보입니다.

그러나 착공 물량을 고려하면, 2025년 이후에는 상황이 달라질 가능성이 있습니다. 2010~2024년의 서울 아파트 연평균 착공 물량이 약 3.5만 호였는데 반해, 2023년 이후 착공 물량이 연평균을 크게 밑돌고 있으니까요. 이는 2026년부터 입주 물량이 급감할 것을 의미합니다. 결국, 입주 물량 부족이 예상되는 상황에서 매수 심리가 반영되면서 현재 서울 부동산 시장이 고평가 상태를 유지하는 것으로 볼 수 있습니다. 그리고 2025년 이후 입주 물량이 본격적으로 감소하는 시기가 오면, 부동산 시장의 하방 압력은 점차 해소될 것입니다.

다음 지역은 부산입니다. 2025년 1월, 부산의 아파트 전세가율은 64.6%입니다. 이는 2010~2025년의 장기평균선

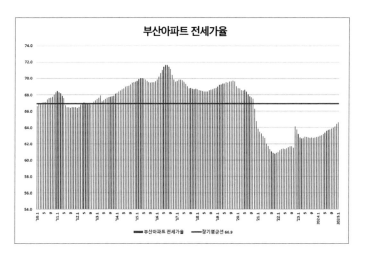

출처: KB부동산

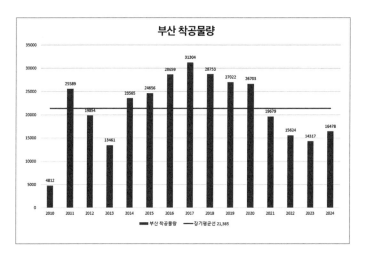

출처: 국토교통부

66.9%를 하회하는 수치입니다. 다만, 긍정적인 점은 2023년 3월 이후 꾸준히 전세가율이 상승하고 있다는 사실입니다. 서울은 2025년 상반기 전세가율 상승 속도가 둔화되고 정체되는 반면, 부산은 2024년 하반기부터 상승 추세를 이어가고 있으며, 상승폭도 점차 확대되고 있다는 점에 주목할 필요가 있습니다. 이 추세가 지속된다면, 2025년 하반기에는 전세가율이 장기평균선에 근접할 것으로 예상됩니다. 그렇다면 2025년 하반기 즈음, 오랜 기간 억눌려 있던 수요가 반영되면서 부산 아파트 매매 거래량도 소폭 반등할 가능성이 큽니다.

또 착공 물량을 살펴보면, 부산은 2020년을 기점으로 꾸준히 줄어드는 추세입니다. 2021년 19,679호, 2022년 15,624호, 2023년 15,317호, 2024년 16,478호로, 2022년 이후 매년 장기평균 착공 물량을 하회하는 수치를 기록하고 있습니다. 이는 2025년 이후, 본격적인 물량 부족 시기에 접어든다는 의미입니다. 특히, 2025년 이후 공급 물량에는 부산 내륙에 직접적인 영향을 미치지 않는 강서구 에코델타 물량이 대거 포함되어 있다는 점을 고려해야 합니다. 결국, 부산 내륙은 물량 절벽 시기에 진입하게 된다는 분석이 나옵니다.

이 같은 부산의 장기적인 물량 부족은 본격적인 전세 품귀 현상을 초래하고, 상승한 전세 가격이 매매 가격을 끌어올리는 것은 시간문제입니다. 이에 따라 현재 상급지 중심으로 반등을 보이고 있는 부산 부동산 시장은 2025년 하반기부터 높아진 전세가율로 인해 더욱 긍정적인 흐름을 이어가리라 예상합니다.

세 번째로 둘러볼 도시는 대구입니다. 대구는 착공 물량 감소가 다른 광역시보다 더욱 두드러진다는 점이 특징입니다. 2020년에 35,905호를 기록한 이후 꾸준히 감소해왔으며, 2023년에는 불과 965호, 2024년에도 5,439호만이 착공되었습니다. 결국, 2025년 이후 대구의 입주 물량이 급감하면서 공급 절벽에 도달하리라는 점이 핵심입니다.

살펴보았듯이, 대구의 주택구입부담지수는 연평균을 하회하고 있습니다. 이는 대구 부동산 시장이 큰 폭으로 하락한 이후 아직 반등하지 못하고 있음을 의미하며, 충분한 매수 기회로 작용할 수 있는 부분입니다. 전세가율 역시 긍정적인 신호를 보여주고 있습니다. 2025년 1월 기준으로 대구 아파트 전세가율은 67.9%로, 장기평균선인 72.2%를 하회하는 수준입니다. 그러나 2022년 11월 이후 꾸준히 하락하던 대구 전세가율이 2024년 12월, 소폭 상승세로 전환되었다는 점을 주목할 필요가 있습니다. 일반적으로 전세가율이 하락에서 상승으로 전환

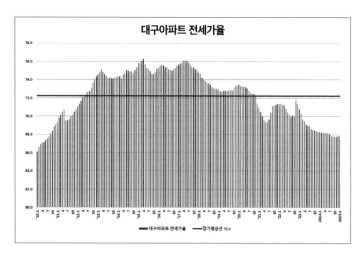

출처: KB부동산

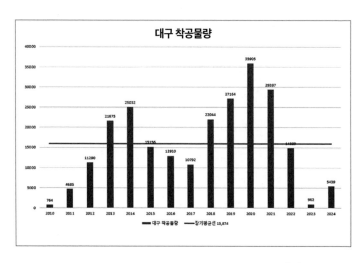

출처: 국토교통부

되는 지점은 매수 타이밍으로 볼 수 있습니다. 이는 매매 가격과 전세 가격의 격차가 점차 좁혀지고 있다는 신호이기 때문입니다.

대구는 2010년부터 2024년까지 연평균 약 1.5만 호가 착공되었습니다. 하지만 2022년 이후 급격한 착공 물량 감소가 나타나고 있으며, 이는 그래프에서도 확인할 수 있습니다. 2018년부터 2021년까지 연평균을 크게 초과하는 착공 물량이 공급되면서, 다른 광역시 대비 하락 폭이 더욱 컸는데, 2025년 이후에는 공급 절벽 구간에 진입할 가능성이 높습니다. 과잉 공급으로 인한 가격 하락기를 지나 본격적인 공급 절벽에 접어든다면, 대구 부동산 시장이 반등할 가능성이 큽니다. 이로써 현재 대구에서 내 집 마련을 고려하고 있다면, 여러 지표를 종합적으로 봤을 때, 충분히 검토해볼 만한 시점에 도달했다고 판단됩니다.

네 번째 도시는 인천입니다. 인천은 전세가율을 통해 시장이 바닥 구간을 지나 안정세에 접어들었음을 확인할 수 있습니다. 2010년 1월부터 2025년 1월까지 인천의 전세가율 장기평균선은 65.3%입니다. 그런데 2025년 1월에 발표된 전세가율은 67.6%로, 장기평균선을 상회하는 수치입니다. 특히,

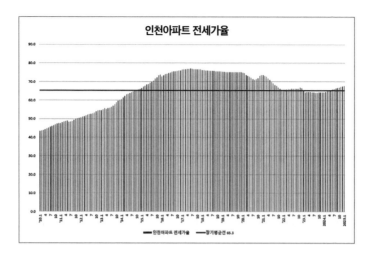

출처: KB부동산

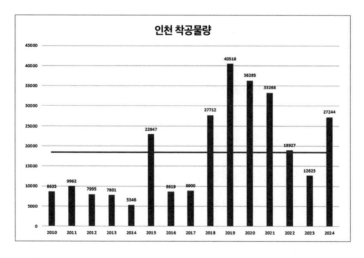

출처: 국토교통부

2023년 9월에 64%를 기록한 이후 꾸준한 상승세를 이어가고 있다는 점이 중요합니다. 즉, 2023년 하반기 이후 인천의 매매 가격과 전셋값 격차가 좁혀지면서, 바닥 구간을 지났다고 할 수 있습니다.

착공 물량을 살펴보겠습니다. 2018년부터 2021년까지 과잉 공급 구간을 통과한 후, 착공 물량이 줄어드는 추세입니다. 물론, 2024년의 2.7만 호라는 착공 물량이 부담 요인이 될 수 있지만, 2020년 이후 인허가 물량이 감소한 점을 고려하면, 시장에 큰 하방 압력으로 작용할 가능성은 크지 않습니다. 2020년 이후 인허가 물량이 감소한 점을 감안하면, 2024년 착공 물량이 시장에 큰 하방 압력으로 작용할 가능성은 크지 않습니다. 또한, 송도 신도시를 중심으로 일자리가 증가하고, 집단 주거지가 형성되고 있는 점을 고려하면, 인천의 미래를 부정적으로 볼 이유는 없습니다. 인구 구조에서도 의미 있는 변화가 감지됩니다. 15~29세 인구가 48.58만 명을 기록하며, 처음으로 같은 연령대의 부산 인구를 역전했습니다. 1992년 이후 처음 발생한 변화라는 점에서 주목할 만합니다.

경제지표 또한 인천의 성장 가능성을 뒷받침합니다. 2023년 인천의 지역내총생산(GRDP)은 117조 원을 기록하며 부산을 넘어섰으며, 실질 경제성장률 역시 4.8%로 전국 1위를 달성했습니다. 이는 전국 평균 1.4%를 크게 웃도는 수치입니다. 인천은 운수업과 공항·항만 중심의 물류 네트워크뿐만 아니라, 제조업도 스마트 공장과 첨단 기술을 기반으로 경쟁력을 높이고 있습니다. 이러한 흐름을 고려했을 때, 인천 부동산 시장의 미래 역시 긍정적인 방향으로 전망할 수 있습니다.

이번에는 대전입니다. 2025년 1월, 대전 아파트 전세가율은 70.8%를 기록했습니다. 이는 2010~2025년, 약 15년간의 장기 평균선을 상회하는 수치입니다. 2022년 5월, 대전 아파트 전세가율이 65.4%까지 하락하며 저점을 형성한 뒤, 꾸준한 상승세를 이어가고 있습니다. 2022년 하반기부터 대전 부동산 시장이 본격적인 회복 국면에 진입했다고 해석할 수 있습니다.

대전 아파트 전세가율이 장기평균선을 넘어섰다는 것은 만약 상승 트리거가 발생할 경우, 매매 가격 상승으로 직결될 가능성이 높다는 점을 의미합니다. 다만, 2019년부터 2022년까지 인허가 물량이 장기평균을 초과했다는 사실은 주의 깊게 지켜볼 필요가 있습니다. 이 인허가 물량이 2024년부터 본격적으로 착공되면서 시장에 하방 압력으로 작용하고 있기 때문입니다.

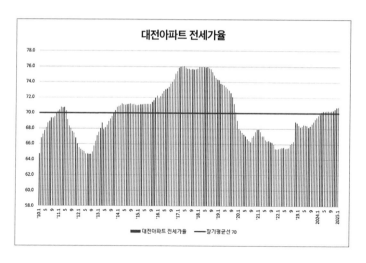

출처: KB부동산

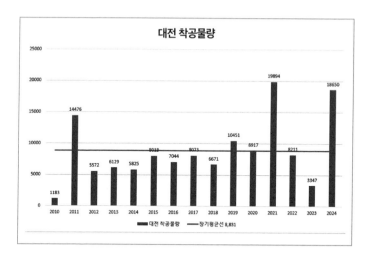

출처: 국토교통부

이제 착공 물량을 살펴보겠습니다. 대전의 15년 장기 평균 착공 물량은 약 8,831호입니다. 2022년에 8,211호, 2023년에 3,347호가 착공되었지만, 2024년에는 18,650호가 착공되며, 장기 평균을 큰 폭으로 넘어섰습니다. 만약 2025년과 2026년 에도 착공 물량이 장기 평균을 초과하는 수준으로 유지된다면, 이는 대전 부동산 시장에 상당한 하방 압력으로 작용할 수 있습니다. 결국, 대전 부동산 시장의 향방은 2019~2022년 인허가 건수가 실제로 얼마나 착공으로 이어질지에 달려 있습니다.

여섯 번째 도시, 광주입니다. 2025년 1월, 광주 아파트 전세가율은 74.1%를 기록했습니다. 이는 2010~2025년, 약 15년 간 장기평균선인 74%를 소폭 상회하는 수준입니다. 2022년 10월, 71%를 저점으로 형성한 이후 꾸준한 상승 추이를 이어가고 있는 것입니다.

광주 아파트 전세가율이 장기평균선에 근접했다는 것은 상승 동력이 충분히 축적되었음을 의미합니다. 전세가율이 장기평균선에 도달한 다른 광역시들과 마찬가지로, 상승 트리거가 발생한다면 매매 거래량이 살아나면서 본격적인 상승장에 진입할 가능성이 열려 있습니다.

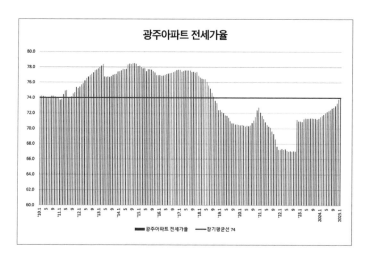

출처: KB부동산

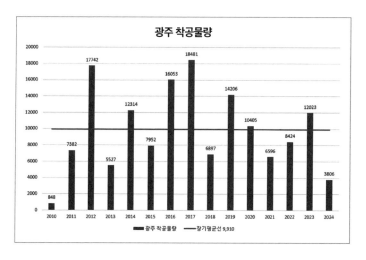

출처: 국토교통부

한편, 꾸준히 증가하던 광주의 착공 물량이 2024년을 기점으로 급격히 감소하는 흐름을 보이고 있습니다. 이는 2027년 이후 광주가 장기적인 물량 부족 구간에 진입할 가능성이 높음을 시사합니다. 만약 광주 부동산 시장이 상승 트리거를 맞이하게 된다면, 그 신호는 2027년 이후 본격적으로 줄어드는 입주 물량에서 찾을 수 있을 것입니다.

끝으로 울산 지역입니다. 2025년 1월, 울산 아파트 전세가율은 75.2%로 2010년 1월부터 2025년 1월까지 15년간의 장기 평균선인 72%를 큰 폭으로 초과한 수치를 기록했습니다. 6대 광역시 중 전세가율 상승 동력이 가장 뚜렷한 지역이라 할 수 있습니다. 특히 주목할 점은 2021년 3월 이후로 울산의 전세가율이 꾸준히 상승을 이어가고 있다는 사실입니다. 대부분의 다른 광역시는 2021년 하반기부터 전세가율 상승이 시작되었지만, 울산은 그보다 빠르게 반등의 시점을 맞이한 것이 긍정적입니다. 2025년에도 전세가율 상승이 지속될 것으로 보이며, 이로 인해 하락 리스크는 거의 제거되었다고 판단됩니다.

착공 물량은 2022년에 8,445호였으며, 이는 장기평균선인 6,564호를 크게 초과한 수치였습니다. 하지만 이후 2023년에는 3,103호, 2024년에는 3,904호로 꾸준히 장기평균선 이하

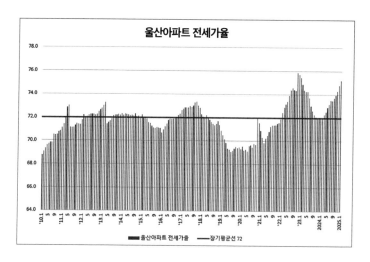

출처: KB부동산

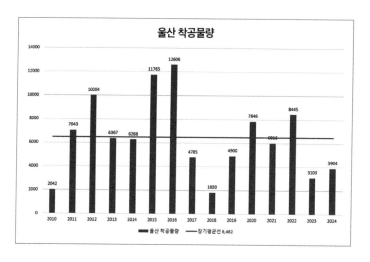

출처: 국토교통부

의 착공물이 기록되었습니다. 여기서 울산이 타 광역시보다 상대적으로 빠르게 입주 물량 절벽 구간에 진입할 가능성이 높음을 예견할 수 있습니다. 다시 말해, 울산은 다른 지역보다 더 빠르게 회복 탄력성을 보일 가능성이 큽니다. 이뿐만 아니라 2024년 이후 울산의 입주 물량은 장기평균선 이하로 하향 조정되었는데, 이 기간이 길어질 가능성도 염두에 두어야 합니다. 따라서 울산 아파트 매수를 고려하는 실거주 수요자들은 지금이라도 현장을 방문해 시장의 분위기를 면밀히 살펴볼 필요가 있습니다. 다만, 울산은 부산과 마찬가지로 고령화 속도가 전국에서 가장 빠른 지역 중 하나입니다. 2022년 7월 기준으로 울산의 고령 인구 비율은 14.3%였고, 2023년 7월에는 15.4%, 2024년 7월에는 16.6%로, 매년 1% 이상 고령 인구가 증가하고 있습니다. 2011년에 고령화 사회에 진입한 이후, 11년 만에 노인 인구가 두 배 이상 늘어난 상황입니다. 이는 울산의 큰 약점으로, 부산과 마찬가지로 상급지 위주로 시장이 흐를 가능성이 있음을 기억해야 합니다.

7)
주택구입부담지수로
거품을 걸러내라

'주택구입부담지수'는 주택금융공사에서 분기별로 발표하는 지표로, 중위소득 가구가 중간 가격 주택을 표준 대출로 구입할 경우, 대출금 상환에 드는 부담 정도를 나타냅니다. 만일 주택구입부담지수가 100이라면, 이는 중위소득 가구의 소득 중 25%가 주택담보대출 상환에 사용된다는 의미입니다. 이로써 이 지표는 지역별 버블 여부를 판단하는 데 유용한 도구가 됩니다. 그럼, 주택구입부담지수와 장기평균선을 기준으로 버블을 판단하는 방법을 살펴보겠습니다.

장기평균선은 주택 가격의 펀더멘탈을 나타냅니다. 이 선을 하회한다는 것은 주택이 저평가되었다는 뜻이며, 이를 상회한다는 것은 고평가되었다는 의미입니다. 따라서 주택구입부담지수와 장기평균선을 통해 주택 구입 시점을 예측하는 데 참고할 수 있습니다. 그리고 주택구입부담지수가 장기평균선을 상회하면, 부동산 시장은 고평가 구간에 진입했다고 볼 수 있습니다. 이 시점에서는 조정이나 하락장이 반드시 옵니다. 반대로 주택구입부담지수가 장기평균선을 하회하면, 그 지역은 저평가 구간에 들어섬으로써 주택 가격 상승을 이끌어낼 가능성이 높습니다. 이 부분을 기억해 둔다면, 이어질 내용을 이해하는

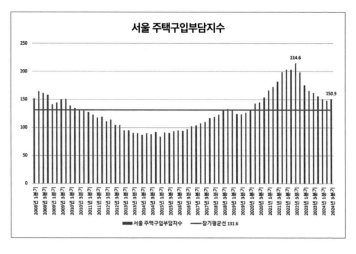

출처: 주택금융공사

데 도움이 될 것입니다.

앞의 그래프는 2008~2024년 서울의 주택구입부담지수
를 나타낸 것으로, 2024년 3분기 기준으로 150.9입니다. 이는
2022년 3분기의 고점 214.6에 비해 약 30% 낮은 수준입니다.
즉, 주택 구입 부담이 크게 하락한 상황입니다. 그러나 여전히
장기평균선 131.6에 비해 약 14.6% 고평가된 상태입니다. 즉,
서울 부동산 시장이 아직 유동성 시장의 버블을 겪고 있다는 의
미입니다. 쉽게 말해, 서울 중위소득 가구가 표준 대출로 서울
의 중간 가격 아파트를 구입할 경우, 대출 원리금 상환에 소득
의 약 37.7%를 지출하게 된다는 것입니다.

한편, 2024년 2분기와 3분기를 비교해 보면, 주택구입부담
지수가 상승한 점이 우려됩니다. 이는 주택 구입 수요가 감소할
가능성을 나타내며, 2025년 하반기 즈음에는 주택 매수 수요가
줄어들 수 있다는 신호로 해석됩니다. 그러나 언제나 그랬듯이,
서울의 매매 가격 하락은 큰 기회가 도래했음을 나타냅니다. 예
상대로 2024년 하반기 주택구입부담지수가 하락으로 전환되
었고, 2025년 현재 서울의 매매 거래량이 감소하고 있습니다.
만약 주택 매수 수요의 감소가 매매 가격 하락으로 이어진다면,
이는 큰 기회가 될 것입니다.

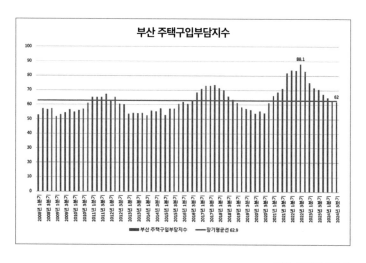

부산 주택구입부담지수

출처: 주택금융공사

부산의 주택구입부담지수는 최근 2024년 3분기 기준으로 62입니다. 이는 2022년 3분기 고점 구간인 88.1에 비해 약 70.4% 수준입니다. 즉, 주택 구입 부담이 고점과 대비했을 때 약 30%로 크게 하락한 상태입니다. 중요한 점은 장기평균선 62.9에 비해 현재 부산은 저평가 구간에 진입했다는 것입니다. 2021년과 2022년의 유동성 버블이 거의 모두 제거된 상황으로 볼 수 있습니다. 다시 말해, 부산의 중간소득 가구가 표준 대출을 받아 부산의 중위가격 아파트를 구입할 경우, 대출 원리금 상환에 소득의 약 15.5%를 지출하게 된다는 의미입니다.

또한, 서울과는 달리 부산의 주택구입부담지수는 2022년 3분기 이후 꾸준히 감소하고 있다는 점이 의미 있습니다. 저평가 구간을 향해 계속해서 나아가고 있음을 증명해주고 있으니까요. 따라서 현재는 매력적인 매수 구간은 아니지만, 상급지 위주로 매수를 고려해볼 만한 시점이라 판단됩니다. 부산의 급격하게 줄어드는 입주 물량을 고려할 때, 수요가 있는 상급지 중심으로 매수세가 꾸준히 들어올 가능성이 높습니다.

그리고 향후 부산의 입주 물량 감소는 다른 지역에 비해 심각한 상황에 직면할 것으로 보입니다. 특히 입주 물량의 대부분이 강서구 에코델타시티에 집중되어 있다는 점을 기억할 필요가 있습니다. 에코델타시티의 물량은 실질적으로 부산 내륙에 미치는 영향이 적어서 이를 제외하고 본다면, 앞으로의 부산 입주 물량은 절벽에 가까운 수준에 이를 것입니다. 이로 인해 2025년부터 부산 전셋값의 급격한 상승을 예고할 수 있습니다.

8)
이런 집을 사고,
이런 집은 걸러라

　제가 코칭을 할 때마다 부동산을 고르는 기준으로 안내하는 몇 가지가 있습니다. 이 8개의 항목을 참고하면 어떤 집을 사고, 어떤 집을 사지 않아야 하는지 판단하는 데 도움이 되리라 믿으며, 공유해 봅니다.

　첫째, 방이 2개인 곳은 매수하지 마십시오. 대부분의 다자녀 기준은 2자녀 이상입니다. 4인 가족이 기준이었던 과거와는 달리, 현재 4인 가족은 다자녀로 분류되어 다양한 혜택을 받을 수 있습니다. 수요가 늘어날 것이라는 전망도 있습니다. 꽤 설득력 있는 주장입니다. 실제로 이에 동의해 소형 혹은 방 2개짜리 집을 마련하는 이들도 있습니다. 그러나 우리는 앞으로 더 넓은 공간을 필요로 할 것입니다. 단칸방에서 8남매를 키우던 할아버지 세대, 20평 남짓한 공간에서 4인 가족이 오붓하게 지내던 아버지 세대와는 달리, 지금은 가족 구성원의 수와 무관하게 더 넓은 공간을 선호하는 시대입니다. 이것이 인간의 욕망이 향하는 방향이며, 트렌드입니다. 쉽게 말해, 방 3개에 화장실 2개가 기본으로 구성되어 있어야 합니다. 그러니 당신의 판단에 따른 선택이 아닌 대중이 선호하는 곳을 매수하시길 바랍니다.

둘째, 젊은 수요가 있는지 확인하십시오. 어린아이들의 웃음소리가 끊이지 않는 아파트 단지가 있습니다. 날씨가 좋은 날에는 젊은 부부가 함께 산책을 즐기는 모습도 보입니다. 이런 젊은 수요 대다수는 전·월세로 거주 중이며, 젊은 수요가 많다는 사실은 긍정적인 신호입니다. 그들이 잠재적인 매수 대기자인 덕분입니다. 다시 말해, 전·월세로 거주해본 경험이 만족스러울 경우, 향후 매수로 이어질 가능성이 높습니다. 실제로 아파트를 매수하는 많은 매수자가 해당 아파트에 전·월세로 지낸 경험이 있습니다. 또한, 전·월세 수요가 많다는 것은 그만큼 전·월세 가격이 안정적으로 유지되고 있다는 뜻이기도 합니다. 이로써 하락장이 오더라도 매매 가격이 크게 영향을 받지 않습니다. 이를 근거로 임장하러 다닐 때, 반드시 단지 내 거주자의 연령층을 살펴보시길 바랍니다. 특히 젊은 부부가 많이 거주한다면, 그곳은 계속해서 인기 있는 아파트일 확률이 높습니다. 여기에 인근 초등학생 수가 밀집된 곳이라면, 매수하기에 좋은 아파트라고 할 수 있습니다. 저출산 시대에도 살아남은 지역이니까요. 일반적으로 총 학생 수 또는 학급당 학생 수를 통해 과밀 초등학교 여부를 알 수 있는데, 이는 학교 알리미 사이트 전국학교정보에서 확인할 수 있습니다.

셋째, 매매 거래량이 많은 아파트를 구매하세요. 앞서 말했듯, 투자는 미인대회와도 같습니다. 개인이 분석·판단하여 물건을 선택하면 주관적 선호도의 영향을 받을 수 있지만, 다수의 의견을 고려하면 객관적인 시선으로 결정할 수 있다는 의미입니다. 즉, '이곳은 나중에 좋은 입지가 될 거야.', '지금은 저평가됐지만 5년 뒤엔 가격이 오를 거야.'와 같은 예측에 의존한 매수는 예상과 빗나갈 가능성이 크지만, 집단지성을 이용해 매수하면 실패할 확률을 크게 줄일 수 있습니다. 그렇기에 '아실' 같은 프롭테크 서비스를 활용해 최근 1년간의 매매 거래량 순위를 확인하고, 이를 바탕으로 매수 리스트를 만들어보는 것을 권합니다. 그리고 늘 "우리 중 누구도 모두만큼 똑똑하지 않다."는 말을 기억하세요.

넷째, 4·5분위 아파트를 구입하세요. 2020~2023년 대한민국 부동산 시장의 급등락을 거치며 자리 잡은 트렌드 중 하나가 바로 양극화입니다. 아파트 양극화란, 주거지 간 가격 차이가 극단적으로 벌어지는 현상을 의미합니다. 서울과 같은 대도시에서는 일부 지역의 아파트값이 천정부지로 상승하는 반면, 지방은 상대적으로 정체되거나 하락하고 있습니다. 이 같은 현상에 따라 서울을 비롯한 수도권과 지방 부동산 가격이 상당히 벌어졌습니다. 이러한 양극화는 주거의 불평등을 초래할 뿐만 아니라 저소득층과 청년층은 자산 형성에 어려움을 겪게 합니다. 이로 인해 젊은 세대의 불안감은 더욱 고조되고 있습니다. 그 결과, 젊은 층들이 지역 내 최대 수요 아파트 외에는 매수하기를 꺼리는 현상이 나타나고 있습니다. 이것이 대한민국 부동산 시장의 큰 리스크 중 하나입니다. 그러므로 정부는 청년들의 이런 불안감을 해소해 줄 필요가 있습니다. 만일 이를 해결하지 못한다면, 양극화를 막을 길이 없습니다. 그들은 계속해서 무리한 대출을 이용해 지역 내 최상위 아파트만을 매수하게 될 것이고, 지방으로 갈수록 유동성은 더욱 위축될 것이기 때문입니다. 한마디로 '똘똘이 한 채' 트렌드가 굳어져 극심한 양극화를 초래하는 것입니다. 물론, '내가 매수하려는 아파트가 양극화 시대에 살아남을 수 있을까?' 하는 의문을 품는 건 당연합니다. 이 질문에 명확한 답변이 될 수는 없겠지만, 4·5분위 아파트를 기준점으로 삼는 것은 하나의 방법이 될 수 있습니다. 이 분위별 아파트 가격을 꾸준히 확인한다면, 지역 내 부동산 가격 흐름도 파악할 수 있습니다. 그래서 한 달에 한 번, KB부동산 데이터 허브- KB통계-주택가격동향조사-5분위 평균가격-아파트 5분위 매매평균가격 순으로 들어가 분위별 아파트를 모니터링 해볼 것을 추천합니다.

다섯째, 전세 물건이 쌓이기 시작하면 구매하지 마세요. 아파트의 매매 가격보다 전세 가격이 먼저 움직이는 것은 부동산 시장의 일반적인 흐름입니다. 따라서 전세 가격의 하락은 매매 가격 하락의 전조 현상으로 이해해도 무방합니다. 앞서 언급했듯, 전세 매물은 일정 기간 내 거래가 이루어져야 하므로 매매 매물과 달리 매물이 쌓이면, 가격이 반드시 하락하게 됩니다. 그러므로 아파트를 매수할 때는 전세 매물 추이를 확인할 필요가 있습니다. 만약 전세 매물이 꾸준하게 감소 추이에 있다면, 그 아파트는 머지않아 매매 가격이 상승할 확률이 있습니다. 반면, 전세 거래가 뜸해지고, 매물이 쌓이기 시작하면, 매매 가격 하락을 의심해볼 필요가 있습니다. 전세 매물 추이를 확인하는 방법은 아실 홈페이지에서 매물증감-일별거래현황-재선택-지역 선택-아파트 선택 순으로 진행하면 됩니다.

아래 그래프는 부산의 한 인기 아파트의 전세 매물 추이입니다. 2022년 하반기~2023년 상반기에 40개에 육박했던 전세 매물이 날카롭게 하락하는 것을 알 수 있습니다. 그리고 2025년 4월 7일 제가 이 글을 쓰고 있는 현재, 이 아파트의 전세 매물은 1,064세대 중 단 1개에 불과합니다. 이로 미루어 볼 때, 전세 가격은 계속해서 상승할 것으로 예상되며, 이는 곧 해당 아파트의 전세가율 상승을 의미합니다. 전세가율 상승은 아파트의 수익률 상승으로 귀결됩니다. 쉽게 말해, 아파트의 수익률이 높아지면 매매 가격도 함께 상승하는 경향이 있습니다.

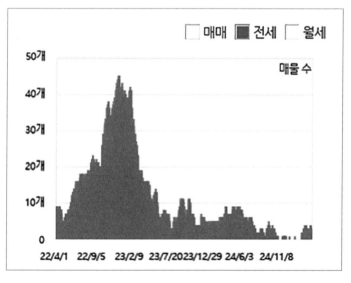

출처: 아실

다음 그래프는 앞서 살펴본 아파트 84A 타입의 가격 흐름을 보여줍니다. 전세 매물의 경우, 2023년 상반기에 급격하게 감소했음을 직접 확인했습니다. 그렇다면 매매 가격의 흐름은 어땠을까요? 2021년 이후 꾸준히 하락하던 매매 가격이 2023년 1월을 기점으로 상승세로 전환된 것이 한눈에 들어옵니다. 즉, 전세 매물이 하락하기 시작한 시점이 바로 매수 타이밍이었던 것입니다. 전세 매물의 추이만 유심히 관찰해도 고점에 매수하는 실수를 피할 수 있으며, 오히려 최저점에서 매수할 수도 있음을 확인할 수 있습니다.

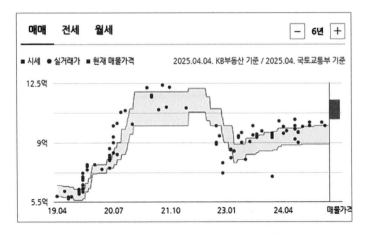

출처: 네이버 부동산

여섯째, 역세권 아파트를 매수하십시오. 우리가 집을 선택하는 이유는 단지 거주 공간이 필요해서만은 아닙니다. 집이란, 나의 삶을 뒷받침하는 공간입니다. 철학자 마르틴 하이데거는 "집은 단순한 물리적인 공간이 아니라 우리가 존재를 이해하고, 그 의미를 되새기며, 우리 자신을 발견할 수 있는 장소"라고 말했습니다. 이를 근거로 하면, 집은 생활공간을 고르는 것 이상의 의미를 가집니다. 역세권 아파트는 그런 의미에서 매우 중요한 선택입니다. 단순한 거주를 넘어선 수요를 염두에 둔 선택입니다. 최근 '한국경제'에 따르면, 2023년에 20대의 신차 등록 대수는 8만 358대로, 전체 신차 등록 대수의 6%를 차지했습니다. 이는 2009년 이후 가장 낮은 수준입니다. 30대는 어떠할까요? 2024년 1~8월 동안 30대의 신차 구매 비중은 20.5%로, 60대 이상의 21.7%에 미치지 못했습니다. 이러한 현상은 20~30대의 소득 감소와 부채 증가로 인해 차량 구매 여력이 줄어들고 있음을 보여줍니다. 이에 따라 중고차에 대한 관심이 높아지고, 대중교통의 수요 또한 증가한 것으로 예상됩니다. 노인들의 전유물로 여겨졌던 대중교통을 이제는 젊은 세대 또한 이용할 수밖에 없는 사회 환경이 만들어지고 있는 셈입니다. 서울과 수도권은 물론, 지방 또한 일자리의 감소로 인해 이 트렌드는 더욱 가속화될 가능성이 있습니다. 여기에 더해 우리가 기억해 두어야 할 부분은 역세권 아파트는 대체로 평지에 위치한다는 특성입니다. 평지는 교통의 원활한 흐름을 돕고, 대중교통 수단을 효율적으로 연결할 수 있는 장점을 제공하는 덕분입니다. 이에 따라 역세권은 접근성이 뛰어나며, 주변 상업지구나 생활 인프라와의 연결도 용이합니다. 이런 이유로 역세권은 보행자와 차량 모두에게 편리한 환경을 제공하며, 주거지로서도 높은 가치를 지닙니다. 결국, 역세권과 학군은 하락장을 견뎌낼 수 있는 마법 같은 키워드입니다.

일곱째, 저가 아파트를 매수하지 마세요. 사실, 부동산의 시작은 '시드'입니다. 시드머니가 부족하다면, 성급하게 부동산에 뛰어들기보다 어느 정도 자금을 확보한 후에 부동산에 진입하는 것이 현명합니다. 이 시드머니는 많을수록 출발선 자체가 달라집니다. 그렇기에 주머니 사정을 고려해 실거주라는 명목으로 지역 내 저가 혹은 비인기 아파트를 생각하고 있다면, 다시 한번 고민해 보십시오. 앞서 말씀드렸듯이 5분위 혹은 최소 4분위 아파트를 매수해야 합니다. 그것이 양극화 시대에 살아남는 길입니다. 제가 자주 받는 질문 중 하나가 "지역 내 비인기 저가 아파트를 실거주 명목으로 매수해도 될까요?"입니다. 그럴 때마다 저는 단호하게 반대합니다. 다만, 꼭 그 지역에 거주해야 한다면 임차로 추천합니다. 최근 하락론자만큼 부동산과 관련해 긍정적인 부분만을 언급하는 상승론자가 많습니다. 이들은 늘어나는 유동성을 근거로, 하급지 아파트 또한 결국 가격이 오르니 실거주라면 매수하라고 주장하곤 합니다. 하지만 저는 이 주장을 회의적으로 봅니다. 1980~1990년대 급격한 기술 혁신과 글로벌화로 엄청난 확장이 이루어진 시대와 지금은 다르기 때문입니다. 이제 인구는 줄고, 지역 경제도 축소되기 시작했습니다. 또 가구 수가 꾸준히 증가하고 있지만, 2030년을 기점으로 감소하리라는 통계청의 통계가 있습니다. 이뿐만 아닙니다. 한국은행은 2025년의 GDP 성장률을 1.6%~1.7%로 하향 조정했습니다. 우리는 이제 축소의 시대로 접어들었습니다. 즉, 아무 곳이나 매수해도 물가상승률을 반영하여 상승하던 시대와는 아주 멀어져 버렸습니다. 안타깝지만 부동산은 어쩌면 가진 자만이 누릴 수 있는 자산 룰렛 게임이 되어버린 게 아닐까 싶습니다. 혹 이 룰렛 게임에 참여하고자 한다면, 넉넉한 시드를 마련하는 방법 말고는 없습니다. 불편한 진실이지만, 명심하십시오. 부동산의 시작은 시드머니입니다. 악착같이 이 시드머니를 모으시길 바랍니다. 그것이야말로 부의 출발선을 앞당길 유일한 방법입니다.

마지막으로 당부할 점은 부모님 걱정에 휘둘리지 말라는 것입니다. 우산 장수 아들과 짚신 장수 아들을 둔 어머니의 이야기를 담은 우화가 있습니다. 그 어머니는 맑은 날에는 우산 장수 아들을, 비가 오는 날에는 짚신 장수 아들을 걱정하느라 한 평생을 근심 속에 살았다는 내용입니다. OECD(경제협력개발기구) 국가 중, 대한민국 부모님의 염려 수준이 가장 높다는 이야기를 들은 적이 있습니다. 그 정도로 자녀가 성인이 되어도 밤낮으로 자식 걱정을 하는 것이 대한민국 부모님의 모습입니다. 이와 관련한 저희 가족의 사례를 하나 곁들여 봅니다. 몇 년 전, 처형이 청약에 당첨되었습니다. 제 짧은 소견으로는 계약을 해도 향후 문제가 없을 만한 좋은 단지였습니다. 그런데 장인·장모님은 저를 볼 때마다 "인구 절벽 시대가 온다던데 계약하면 큰일 나는 것 아니냐?", "취업도 어려운 시대에 누가 5억이나 하는 비싼 집을 사느냐?", "우리도 일본처럼 될 텐데 부동산은 끝난 게 아니냐?" 하며 걱정을 늘어놓았습니다. 이는 부모님 세대가 살아온 시대를 이해한다면, 충분히 공감할 수 있습니다. 그 당시의 성공 잣대는 교육을 바탕으로 창출되는 월급이었습니다. 그로 인해 우리 부모님들은 열심히 공부해서 좋은 직장에 취업해 국민연금을 성실히 납부하는 것을 가장 좋은 선택지라고 여깁니다. 그러니 자녀들의 내 집 마련이 걱정스러울 수밖에 없습니다. 반면, 현재는 투자로 인한 수익 없이는 미래를 준비하기조차 어려운 시대입니다. 심지어 투자가 보편화되어 청소년들도 법정대리인의 동의만 있으면 주식 계좌를 개설할 수 있습니다. 그러므로 부모님의 의견에 휘둘리기보다는, 스스로 쌓은 지식을 바탕으로 자신의 미래를 준비하시길 바랍니다.

경제적 자유는
선택의 문제다

저는 부유한 환경에서 자라지 못했습니다. 물론, 부모님은 당신들의 자리에서 최선을 다하셨고, 가진 모든 것을 제게 주었죠. 하지만 그것과는 별개로 저는 가난했습니다. 심지어 아버지는 오랫동안 다니던 직장을 그만두고, 그동안 모아둔 자금으로 사업을 시작했는데, 동업자가 모든 돈을 가지고 사라지는 바람에 큰 타격을 입었습니다. 평범한 중산층 가정에서 하루아침에 가난으로 내몰리고 만 것이지요.

결국 우리 가족은 보일러도 제대로 들어오지 않는 주택으로 이사했습니다. 겨울이면 숨을 쉴 때마다 하얀 입김이 피어오르는 그런 집이었습니다. 실내 온도가 16도까지 떨어져도 보일러를 켜지 않았고, 그나마 샤워할 때 온수를 틀어놓곤 했는데, 갑자기 찬물이 나왔습니다. 아버지가 낭비한다며 보일러를 꺼버렸으니까요. 당연히 용돈도, 외식도 사치였습니다. 하는 수 없이 중학생 때부터 전단지를 돌리며, 직접 용돈을 벌었습니다. 대학생 시절에도 마찬가지였습니다. 부모님이 힘겹게 학비를 마련해 주셨지만, 생활비는 제가 마련해야 했습니다. 저는 기숙사 점호가 끝난 뒤 친구들이 컵라면이나 치킨을 먹으며 허기를 달랠 때, 선배들의 어깨를 30분간 안마해 주고, 겨우 컵라면 하나를 받았습니다. 그게 제 대학 생활이었습니다.

저는 지금도 가난이 준 스트레스와 무력감을 잊을 수 없습니다. 그래서 매일 다짐합니다. 내가 겪은 가난을 내 가족에게는 절대 물려주지 않겠다고요. 가난을 합리화하는 건 직무유기와도 같으니까요. 제 말이 너무 가혹하게 들리나요? 형편이 넉넉하지 않은 사람을 무시하는 것처럼 보이나요? 그럴 수도 있습니다. 하지만 우리는 반드시 기억해야 합니다. 경제적 자유는 경제적 자유를 갈망하는 사람만이 누릴 수 있다는 사실을요.

고등학생 때 한 친구가 들려준 이야기가 있습니다. 그 친구의 집은 초등학생 때 아버지가 외제차를 타고 다닐 만큼 부유했다고 합니다. 집은 마당이 넓은 2층 대저택이었고요. 방학이면 가족과 함께 해외로 떠났습니다. 주말이면 고급 레스토랑에서 외식을 하고, 심지어 원어민 수업까지 들으며 자랐습니다. 모두 치과 의사인 아버지 덕분에 누린 경제적 여유였습니다. 물론, 그 여유가 행복을 가져다주는 건 아닙니다. 다만, 친구의 가족에게는 '자유'가 있었습니다. 내가 원하는 것을 할 수 있는 자유, 내가 하기 싫은 것은 하지 않을 수 있는 자유, 내가 먹고 싶은 것은 언제든지 먹을 수 있는 자유, 떠나고 싶을 때 언제든지 떠날 수 있는 자유 말입니다. 한마디로 아버지의 성공이 가족에게는 축복이었습니다. 그러나 그 행복은 오래가지 않았습니다. 아버지가 지병으로 갑자기 세상을 떠난 것입니다. 운영하던 병원도 막대한 빚으로 남았고요. 그 결과, 친구의 가족은 불현듯 찾아온 가난을 받아들여야만 했습니다.

친구는 온몸으로 가난을 체험하며, 중·고등학교에 다녔습니다. 고등학생이 되면서 가난의 서러움을 더욱 절실히 느꼈다고 합니다. 당시 고등학생들 사이에서 유행한 패딩이 있었는데, 저렴한 것이 30만 원대, 비싼 것은 100만 원대에 달했습니다. 그 패딩이 갖고 싶었던 친구는 어머니에게 조르고 졸라, 끝내 30만 원이 넘는 패딩을 손에 넣었습니다. 어머니의 월급 중 상당 부분을 지출하게 되었지만, 친구는 행복했다고 했습니다. 하지만 그도 잠시, PC방에 갔다가 자리를 비운 사이 패딩을 분실하고 말았습니다. 누군가가 가져간 것입니다. 그때가 지금으로부터 20여 년 전이라 CCTV도 흔치 않았습니다. 당연히 범인을 찾을 방법이 없었지요. 그렇게 한겨울에 티셔츠 한 장만 걸친 채 집으로 돌아온 모습을 보고 어머니는 "패딩은 어디 있니?"라고 물었고, 상황을 들은 어머니는 아무 말 없이 눈물만 흘렸다고 합니다. 그때 친구는 뼛속 깊이 새겼다고 했습니다. 돈이 단순한 숫자가 아님을. 돈이 삶을 지배할 수 있음을.

지금 그 친구가 어디에서 무엇을 하고 있는지는 모릅니다. 다만 확신합니다. 그는 분명 경제적 자유를 위해 달리고 있을 거라고요. 아니, 어쩌면 그 자유를 누리고 있을 수도 있습니다. 즉, 경제적 자유는 현실을 깨닫느냐 못 깨닫느냐의 문제입니다. 그래서 "행복은 물질에서 나오지 않아.", "뭐든지 마음먹기 나름이야.", "지금도 충분히 누리고 살고 있잖아."와 같은 위로의 말만 하고 싶지 않습니다.

잠시 책을 덮고, 당신 곁의 소중한 사람들을 떠올려 보세요. 부모님, 배우자 또는 자녀도 좋습니다. 그들을 위해 다짐하시길 바랍니다. 경제적 자유를 위해 달려가겠다고 말입니다.

부동산 시장 이면의 심리를 읽어라

부동산에 관한 이야기가 성공과 관련이 없다고 생각할 수도 있습니다. 하지만 부동산의 본질은 '주거의 행복'에 있습니다. 즉, 우리가 생각하는 것보다 훨씬 더 큰 만족감을 주는 것이 바로 주거입니다. 좋은 주거는 우리를 타인의 위협으로부터 지켜주고, 나아가 우리의 건강까지 지켜줄 수 있습니다. 최근에는 아파트 내에 컨시어지라고 부르는 공동주택 관리자 서비스가 발전하면서 의료진이 상주하는 아파트가 생기고, 원격 의료 상담도 가능해졌습니다. 무엇보다 주거는 '자유'를 제공합니다. 그렇습니다. 주거는 쉼을 주고, 그 쉼 속에서 우리는 자유를 누릴 수 있습니다.

성공과 자유는 결국 '인사이트'에서 나옵니다. 다른 사람들과 똑같은 생각을 하고, 똑같은 계획을 세우는 것이 아니라, 나만의 인사이트를 찾는 것이 중요합니다. 인사이트란, 'in(안)'과 'sight(보다)'가 만들어낸 합성어입니다. 다시 말해, 우리가 잘 볼 수 없는 내면까지 들여다보는 것을 의미합니다. 인생은 멀리서 보면 희극, 가까이서 보면 비극이라는 말도 바로 이 인사이트를 표현한 것입니다. 모두가 희극을 볼 때, 내면의 비극도 함께 볼 수 있는 능력, 그것이 바로 인사이트입니다.

부동산 시장도 마찬가지입니다. 시장의 외적인 변화를 넘어서, 그 안에 있는 사람들의 내면과 심리를 읽어내는 능력이 필요합니다. 그래서 지금부터 제가 부동산 시장을 지켜보며 깨달은 몇 가지 인사이트를 공유하고자 합니다.

첫째, 하락장은 기회이고, 상승장은 위기라는 점입니다. 2022년 하반기, 공포가 극에 달해 많은 사람이 두려움을 느꼈죠. 서울 아파트 매매 거래량이 월 1,000건도 안 되었으니까요. 그런데 지금 돌아보면 그때가 기회였습니다. 반면, 2020년 하반기, 서울 아파트 매매 거래량이 1.5만 건에 육박했던 시기는

다가올 폭락장의 전조였지요. 이처럼 상승과 하락은 영원하지 않습니다. "공포에 매수하고 환희에 팔아라."라는 명언은 누구나 알고 있지만, 그걸 실제로 실행하는 건 쉽지 않습니다. 하지만 그 말은 진실이고, 부동산 시장에서의 가장 큰 인사이트입니다.

둘째, 향후 부동산 주요 매수 대기자인 MZ세대의 트렌드를 알아야 합니다. MZ세대로 불리는 2030세대는 아파트에서 태어나고 자란 세대입니다. 그러므로 향후 그들이 선택할 주거지는 아파트일 가능성이 높습니다. 또한 MZ세대는 투자 중독 세대입니다. 미국 주식, 코인, 부동산, 부업 등 돈이 되는 분야는 무엇이든 시도합니다. 그들의 투자 지식은 이미 기성세대를 넘어섰습니다. 이로 인해 부동산 시장은 점차 주거지로서의 역할보다는 투자처로 변질될 가능성이 큽니다. 투자처로 변질되면, 상승과 하락의 폭이 커지게 되겠죠. 아파트가 더는 안전자산이 아닌 위험자산이 될 수 있습니다. 전설적인 주식 투자자인 앙드레 코스톨라니는 "주식을 사고, 수면제를 먹어라. 그리고 10년 뒤에 깨어나면 부자가 되어 있을 것이다."라고 했습니다. 장기 투자의 가치를 강조한 말이죠. 하지만 MZ세대의 투자 중독은 이 공식을 깨트릴 가능성이 있습니다. 더는 자산을 사고, 10년 뒤에 깨어나면 부자가 되는 시대는 아닙니다. 이제는 '좋은 자산'을 선별하고, 적절한 시기에 매수하는 것이 중요합니다.

셋째, 군집 행동(Herding behavior)입니다. 현대사회는 휴대폰을 꺼내 내가 원하는 정보를 찾는 데 걸리는 시간이 단 1분도 걸리지 않습니다. 그야말로 정보의 평등화 시대입니다. 이번 달 아파트 매매 거래량이 몇 건인지, 현재 아파트 가격은 얼마인지, 어떤 가격에 거래가 되었는지 등 모든 정보가 평등하게 제공됩니다. 그뿐만 아니라 부동산 단톡방을 통해 언제든지 넘쳐나는 정보를 습득할 수 있습니다. 과거의 부동산 시장은 쉽게 방향을 바꾸기 어려운 항공모함처럼 비유되었지만, 이제는 정보의 평등화로 뱃머리를 쉽게 돌릴 수 있는 나룻배처럼 변화했습니다. 매달 부동산 시세가 변동하며, 시장 분위기 또한 달라집니다. 이번 달에 저렴한 가격으로 매수해도 다음 달에는 가격이 상승해버리는 경우가 많습니다. 한 철학자에 따르면, 이 군집 행동은 이기주의적 심성과 연관된다고 합니다. 이기적인 사람은 항상 만족하지 못하고, 자신이 남들보다 덜 얻지 않았나 의심하며, 자기보다 더 많은 것을 가진 사람을 부러워합니다. 또한, 자기가 가진 것을 잃을까 걱정합니다. 이러한 불안감이 군집 행동을 유발하며, 부동산 시장의 변동성을 더욱 확대합니다. 2020년부터 2024년까지의 들쭉날쭉한 부동산 시장이 이 군집 행동을 잘 설명해주고 있습니다.

부동산 시장도 단순히 숫자와 정보만으로 이루어진 것이 아닙니다. 그 이면에 있는 사람들의 마음과 심리를 읽어내는 인사이트가 성공의 열쇠입니다.

다가오는
Tipping Point,
당신의 선택은?

매년 출간되는 부동산 관련 서적만 해도 수백 권에 달합니다. 단돈 1~2만 원이면 부동산 전문가들의 통찰을 쉽게 얻을 수 있는 시대죠. 그런데도 사람들은 여전히 더 많은 정보를 원합니다. 인터넷에 '부동산 서적 추천'만 검색해도 수만 개의 결과가 쏟아지는 정보의 과잉 공급 속에서도 수요는 끊임없이 늘어나고 있습니다. 이렇듯 과잉 공급과 과잉 수요가 공존하는 시장에 저도 제 글을 세상에 내놓을 기회가 생겼습니다.

상업용 부동산 전문 정보 서비스 기업 '부동산플래닛'의 리

포트에 따르면, 2023년의 전국 부동산 거래량이 약 103만 건이었습니다. 부동산 시장이 침체되었다고 하지만, 103만 건의 거래가 이루어진다는 것은 여전히 수요가 살아 있다는 의미입니다.

본문에서 내 집 마련은 나와 소중한 가족의 미래를 건 백병전이라고 언급했습니다. 그만큼 부동산 시장에는 간절함이 있고, 깊은 고민이 있으며, 치열한 고민 끝에 나온 선택이 있습니다. 하지만 그 선택의 기반이 되는 '시장에 대한 성찰'은 늘 부족합니다. 그러므로 부동산에 대한 지식은 여전히 필요합니다.

긴 글을 마무리하며 강조하고 싶은 부분이 있습니다. 그 첫째가 '전세가율의 향방'입니다. 앞서 살펴보았듯, 2025년 이후 대부분의 지역이 공급 부족에 시달릴 예정입니다. 이를 가장 쉽게 파악할 방법은 각 지역별 전세가율을 확인하는 일입니다. 전세가율이 장기 평균선을 밑도는 지역이 있는가 하면, 이미 평균선을 넘어서 안정기에 접어든 지역도 있습니다. 또 어떤 지역은 평균선을 하회하다가 상승세로 돌아서는 반면, 어떤 지역은 평균선을 상회하고 있다가 하락세로 전환됩니다. 이런 흐름만 잘 살펴보아도 부동산 시장의 버블 여부를 판단할 수 있습니다. 전세가율이 높다는 것은 매매가 대비 전세가가 높다는 것이며, 이는 곧 월세 가격 상승으로 이어집니다. 결국 전·월세 가격이 오르면 아파트의 투자 수익률이 상승하고, 이는 매매가를 끌어올리는 결과를 초래합니다. 단순한 숫자의 문제가 아니라, 시장이 움직이는 메커니즘을 이해해야 합니다.

　또 하나 짚고 넘어가야 할 사항은 '학군지'입니다. 2024년 9월, 강남구 대치동에서 분양한 디에이치대치에델루이는 37가구 모집에 3만 7,946명이 몰려 1,025:1의 경쟁률을 기록했습니다. 2024년 11월, 서울 서초구 방배동에서 분양한 아크로리츠카운티도 71가구 모집에 3만 4,279명이 지원, 경쟁률이 482:1에 달했습니다. 그렇다면 학군지는 강남과 서초에만 있는 걸까요? 지방의 학군지는 가치가 없을까요? 아닙니다. 학군지의 본질은 부모의 맹목적인 자식 사랑에서 출발합니다. 내 자녀를 조금이라도 더 좋은 환경에서 키우고 싶어 하는 부모의 마음이 존재하는 한, 학군지의 수요는 지속될 수밖에 없습니다. 이로써 각 지역마다 나름의 학군지가 형성되어 있습니다. 비교 대상이 강남과 서초가 될 수 없다는 뜻입니다. 학군지의 비교 대상은 같은 지역 내에서 상대적인 것입니다. 특히 지방은 새로운 학군지가 떠오르기보다 현재의 학군지가 확장해나갈 확률이 높습니다. 부산의 사직, 남천, 센텀이 그렇습니다. 대구의 만촌, 범어, 울산의 옥동 역시 그러합니다. 그러니 학군지를 서울과 비교하지 말고, 철저하게 지역 내 학군지와 비교해 매수하길 바랍니다. 참고로 학군지에 베팅하는 것은 부모의 맹목적인 자식 사랑 본성에 투자하는 것입니다. 이것은 불변합니다.

끝으로 아파트가 더는 단순한 거주재가 아니라는 사실을 강조합니다. 따뜻한 내 집 한 채만 있어도 만족하던 시절이 있었습니다. 집이란 그저 가족이 함께 모여 살 수 있는 공간이었습니다. 재산 증식의 수단이 아니었죠. 그러나 이제는 다릅니다. 어느 순간부터 '아파트 투자'라는 표현이 보편화되었고, 내가 사는 집이 최소 물가상승률보다 가격이 올라야 한다는 인식이 강해졌습니다. 그렇게 아파트 투자로 돈을 버는 사람이 늘어났고, 엄청난 자산을 만들어 낸 투자자도 있습니다. 반면, 아파트를 잘못 매수한 사람들은 10년, 20년이 지나도 매수한 가격 그대로의 가격에 머물러 있는 경우가 있습니다. 누구는 아파트 한 채 잘 사서 노후가 보장되는 안락한 삶을 누리지만, 누구는 구매한 아파트 가격이 오르지 않아서 여전히 노후가 불안정하고, 연금에 의지합니다. 이처럼 아파트 한 채로 인생의 방향이 바뀐 사례가 주변에 허다합니다.

그렇다면 향후 아파트는 투자재에서 어떤 방향으로 흘러갈까요? 바로 '사치재'입니다. 인간의 본성은 그대로 부동산 시장에 반영됩니다. 이 점에서 우리가 무시할 수 없는 인간의 본성은 타인과 비교했을 때 내가 더 우월함을 증명하는 '자기자랑'입니다. 이러한 자랑의 본질은 인정 욕구에서 시작됩니다. 사실, 인정의 욕구는 누구나 가지고 있는 본성입니다. 그것이 사치재로 표현됩니다. 그리고 아파트가 그 역할을 합니다. 도로 위 수많은 외제차와 너도나도 들고 다니는 명품백은 이제 그 역할을 감당할 수 없습니다. 국산 보급형 자가용을 타더라도 조수석 앞면 차창에 붙는 스티커는 지역 내 고급 아파트 로고를 지향합니다. 심지어 얼마 전에는 입주자대표회의에서 주차 스티커에 금을 첨가하자는 곳도 있다는 소식을 들었습니다. 실제로 실행되었는지 알 수는 없지만, 자그마한 주차 스티커 하나가 아파트 사치재를 상징하는 존재임을 알 수 있습니다.

이것이 향후 부의 흐름입니다. 따라서 누군가 저에게 부동산을 여전히 단순한 거주재로만 바라볼 것인지, 인간의 본성을 인정하고 그 흐름을 활용할 것인가를 묻는다면, 주저 없이 후자를 선택하겠습니다. 물론, 당신의 선택은 당신의 몫이겠지요.

'Tipping Point'라는 말이 있습니다. '어느 순간 급격하게 변화하는 지점'을 의미하는 용어입니다. 2025년 이후의 부동산 시장이 바로 그 Tipping Point가 될 가능성이 높습니다. 한마디로 상급지로 진입할 수 있는 마지막 기회가 앞으로 3년 안에 펼쳐질 것이라는 이야기입니다. 이 기간이 지나면, 부동산으로 부를 이루는 부의 사다리가 끊어질 가능성이 있습니다. 대단지 신축 아파트는 더 이상 우리가 넘볼 수 없는 그들만의 소유물이 될 수 있습니다. 전국 5분위(상위 0~20%) 아파트와 다른 분위 아파트 가치의 격차는 갈수록 커지고 있습니다. 자료에 따르면, 2024년 1분위(상위 80~100%) 아파트와 5분위 아파트 격차는 약 11배였습니다. 10여 년 전인 2015년에는 그 격차가 4.5배에 불과했으니, 2배 이상 증가한 셈입니다. 이를 바탕으로 지금부터 10년 뒤의 각 지역별 1분위 아파트와 5분위 아파트의 격차가 얼마나 커질지 예측할 수는 없지만, 벌어지리라는 건 충분히 예상할 수 있습니다. 그야말로 미래 세대는 부의 사다리가 끊어질 것이 명확해 보이는 데이터입니다. 다행스럽게도 아직은 기회가 있습니다. 그러나 그조차도 3년 이내라는 데드라인이 존재합니다.

당신의 가슴속 바람과 머릿속 희망이 현실이 되길 진심으로 응원합니다. 예견하지 못한 어려움이 찾아올지라도, 좌절하는 순간이 있을지라도, 당신의 실력으로 이겨내세요. 그 실력의 바탕에 제 글이 뒷받침된다면 좋겠습니다.

적금밖에 모르던 8년 차 김대리는
어떻게 1년 만에 내 집 마련에 성공했을까?

ⓒ규동산

초판 1쇄 인쇄 | 2025년 6월 7일

지은이	규동산
편집인	윤수빈
디자인	ziwan
마케팅	네버기브업
펴낸곳	네버기브업
ISBN	979-11-94600-35-0(03320)
이메일	emsgo2024@gmail.com